Иван Коваленко

Гоа. Страна, где зимует лето

Иван Коваленко

Гоа. Страна, где зимует лето

Записки путешественника по Индии

Bloggingbooks

Impressum / Выходные данные
Bibliografische Information der Deutschen Nationalbibliothek: Die Deutsche Nationalbibliothek verzeichnet diese Publikation in der Deutschen Nationalbibliografie; detaillierte bibliografische Daten sind im Internet über http://dnb.d-nb.de abrufbar.

Alle in diesem Buch genannten Marken und Produktnamen unterliegen warenzeichen-, marken- oder patentrechtlichem Schutz bzw. sind Warenzeichen oder eingetragene Warenzeichen der jeweiligen Inhaber. Die Wiedergabe von Marken, Produktnamen, Gebrauchsnamen, Handelsnamen, Warenbezeichnungen u.s.w. in diesem Werk berechtigt auch ohne besondere Kennzeichnung nicht zu der Annahme, dass solche Namen im Sinne der Warenzeichen- und Markenschutzgesetzgebung als frei zu betrachten wären und daher von jedermann benutzt werden dürften.

Библиографическая информация, изданная Немецкой Национальной Библиотекой. Немецкая Национальная Библиотека включает данную публикацию в Немецкий Книжный Каталог; с подробными библиографическими данными можно ознакомиться в Интернете по адресу http://dnb.d-nb.de.
Любые названия марок и брендов, упомянутые в этой книге, принадлежат торговой марке, бренду или запатентованы и являются брендами соответствующих правообладателей. Использование названий брендов, названий товаров, торговых марок, описаний товаров, общих имён, и т.д. даже без точного упоминания в этой работе не является основанием того, что данные названия можно считать незарегистрированными под каким-либо брендом и не защищены законом о брендах и их можно использовать всем без ограничений.

Coverbild / Изображение на обложке предоставлено: www.ingimage.com

Verlag / Издатель:
Bloggingbooks
ist ein Imprint der / является торговой маркой
OmniScriptum GmbH & Co. KG
Heinrich-Böcking-Str. 6-8, 66121 Saarbrücken, Deutschland / Германия
Email / электронная почта: info@bloggingbooks.de

Herstellung: siehe letzte Seite /
Напечатано: см. последнюю страницу
ISBN: 978-3-8417-7216-9

Copyright / АВТОРСКОЕ ПРАВО © 2013 OmniScriptum GmbH & Co. KG
Alle Rechte vorbehalten. / Все права защищены. Saarbrücken 2013

Оглавление	1
Гоа. Страна, где зимует Лето	3
Гоанский синдром – болезнь или выдумки?	4
Игрушечный Гоа	9
Индийцы в Гоа	10
Европейцы в Гоа	18
Русские в Гоа	19
Эль Шаддай – дети с будущим	22
Португальская Индия, индийская Португалия	24
Гоанская вера	35
Священные деревья	39
Хлеб насущный. Гоанская кухня	40
Сансеты в Гоа	44
Гоанские животные	45
Наракасуры. Демоны огня	49
Пляжи и деревеньки Гоа	52
Гимн индийскому скутеру!	59

Рынки в Гоа	60
Кудряшка Эдвин. Может ли рыбак стать миллионером?	62
Экскурсии в Гоа. Водопад и плантация специй	66
Окрестности Мапсы. Форт, озеро, водопад и кельи	70
Форты Гоа	76
Музеи Лаутолима	82
Южный Гоа. Музей «Goa Chitra»	85
Музей истории штата Гоа в Панаджи	84
Goa Science Center в Панаджи	87
Дом, длиною в полувек. Семейство Фернандесов	92
Дом Брангаса в Чандоре	99
Маргао. Памятники столицы южного Гоа	101
Жемчужины Карнатаки – Биджапур, Айхоле, Бадами	106
Хампи. Самый таинственный город Индии	122
Аэропорт Шарджа. Как мы летели в Гоа	126
Несколько слов напутствия в заключении	131

Гоа. Страна, где зимует Лето

В январе 2010 года я впервые сошел с трапа самолета на индийскую землю. Ощутил этот обволакивающий тягуче-липкий теплый воздух и навсегда заболел. Чуть позже я узнал, что эта болезнь называется «Синдром Гоа». И от нее есть единственное излечение – ежегодное возращение назад в Гоа. С тех пор я начал ежегодно возвращаться в Гоа и зазывать туда всех своих друзей и знакомых.

В процессе поездок по гоанским дорогам, общения с гоанцами и туристами и родился блог www.ogoa.info. Наиболее интересные публикации из блога и приведены в данной книжке.

Автор надеется, что читатель, уже бывавший в Гоа, найдет для себя здесь новые факты об истории, природе и культуре Гоа, запланирует интересные маршруты путешествий для познания этого уголка Индии. Читатель же, который только собирается впервые выйти по трапу самолета в аэропорту гоанского аэропорта Даболим, после прочтения книги станет подготовленным знаниями и получит ответы на многие вопросы.

Гоа – это страна, где зимует наше Лето. Когда в Европе холодно, серо и грустно, Лето убегает на зимовку в Гоа. И тысячи простых людей верят в это и летят вслед за Летом к берегам Аравийского моря. Здесь они работают, загорают, путешествуют, танцуют, пьют соки и едят креветок. Живут ярко и пробуют гоанское Лето на вкус.

Гоанский синдром – болезнь или выдумки?

Говорят, что есть такая болезнь - Синдром Гоа. Ее симптомы – покупка авиабилета в один конец, полное отсутствие желания работать, при необходимом отъезде сентиментальные слезы на закатах и обещания вернуться. Так вот я вам могу подтвердить – такая болезнь, действительно, существует. И имеет единственное лекарство – возвращение назад, в райскую страну Гоа…

А когда человек окончательно поддается гоанскому синдрому, он полностью меняется внутри. Его мысли и поступки уже никогда не будут такими, что были до Гоа. Он начинает жить в совершенно другом формате. Это явление обволакивает всех, кто с чистой душой прилетает в мир мечты. Как сказал один мой друг «это явление рождается в воздухе Гоа из десятков тысяч снов о счастье. Это путешествие, который совершает каждый мечтающий, путешествие в рай своей мечты. Это состояние, в которое впадает каждый человек, измученный пустотой и одиночеством большого города, и внезапно попадающий в мир, где можно больше не мечтать о любви, можно просто любить... Это счастье, которое ты находишь в себе, когда ты внутри Гоа».

Первое впечатление об Индии – запах. Индия очень сильно пахнет. Запах Гоа – это запах сладости, запах вулканических скал и волн, специй и гашиша, запах свободы разума и запах Солнца. Все вместе - это запах Гоа. Этот запах окружает тебя, он такой сильный, что его можно потрогать…

Гоа – это самый маленький штат Индии на побережье Индийского океана. Он абсолютно отличается от других штатов. Здесь больше всего туристов и европейцев, самая большая доля христианского населения, здесь разрешены алкоголь и табак, чего не скажешь о других регионах страны, здесь относительно свободные нравы. Сейчас Гоа – один из самых популярных курортов мира. Первыми гоанскими туристами были европейцы-хиппи конца 60-х годов ХХ века. Они уезжали сюда, на край света, к вечному лету, пальмам и океану. Здесь они жили общинами, устраивали музыкальные тусовки на побережье и в джунглях. Постепенно слава о свободной стране и рае на земле разошлась по Европе и в Гоа потянулись тысячи людей. Начались строиться для них отели и бары, появились чартерные рейсы, стоимость жизни выросла. Сейчас уже дух того Гоа почти не заметен. Многие летят сюда как на модный

курорт. Но все же, до сих пор этот уголок Земли является одним из самых свободных и притягательных для человека, который не желает жить обычно и по правилам. С каждым годом Гоа дарит дух свободы своим новым детям.

На север Гоа едут за атмосферой. И атмосферу, равно как и свой мир, здесь создают все вместе. Делать это очень легко, поскольку в Индии мысли материализуются по-настоящему и с огромной скоростью. Индия страна с сильнейшей энергетикой – родина старейших цивилизаций и религий. Поэтому здесь все очень легко происходит. Захотел кого-то встретить – встретишь тут же. Захотел куда-то попасть – попадаешь. И это реально работает. Вскоре этому не удивляешься уже. В Гоа вообще ничему не удивляешься и просто живешь сегодня. Как и индусы, ты начинаешь жить сегодняшним днем, и каждое событие тебя радует и кажется главным. Как не удивляешься и постоянным встречам со знакомыми людьми, которых тут быть вроде не должно. Через неделю активной ночной жизни начинаешь видеть много знакомых лиц, тебя узнают тоже, обнимаются, угощают всякими вкусностями и полезностями. Ты общаешься с десятками незнакомых доселе людей, радуешься им, встречая на следующие дни на дорогах штата либо на пляже или вечеринках. Человеку заметному и яркому в Гоа трудно потеряться - ты вроде бы и среди джунглей, чужого мира и мышления, но как-то всегда на виду.

***

Уже через неделю пребывания в Гоа, ты начинаешь не следить за временем, а жить по солнцу – сансет наступил, значит, пора ужинать и купаться в море не стоит. Сансет – это национальная забава в Гоа. Гигантский солнечный круг медленно опускается в океан. За полчаса до захода жизнь затихает и народ собирается на камнях, под пальмами и смотрит на это чудо. Где-то играет чиллаут музыка, кто-то медитирует, кто-то, просто обнимая любимого человека, смотрит вдаль. Рядом сидят собаки и коровы и тоже смотрят своими умными глазами на великое Солнце. Как только диск уходит в океан, мгновенно наступают сумерки и начинается другая, ночная жизнь Гоа.

По воскресеньям народ выезжает в местечко Хилтоп у Вагатора. Под звуки транса несколько тысяч ног взбивают красноватую южную пыль. В воздухе висит мощный звук очень качественной музыки, заставляющей светится глаза и биться в такт сердце. Врываюсь в общий ритм и уже через 10 минут так расхожусь, что пот не катится, а льется со лба. Волосы прилипли, пот заливает глаза, но дикий танец восточного жреца под чужими звездами продолжается и уносит отключенный от мыслей мозг в южное небо. Воздух пропитан устойчивым запахом, передаваемых из рук в руки джоинтов и улыбок. По периметру танцпола раскиданы циновки, на которые можно присесть или прилечь отдохнуть. Если проголодался - тут же рядом на  циновках сидят бабушки-индианки, перед которыми горят керосиновые горелки – они могу приготовить омлет или вкуснейший загадочный напиток – масалати. И в этой близости с хозяйкой керосиновой горелки и общением с ней языком улыбок (английский вы знаете оба прескверно) есть какое-то ощущение причастности к тайне.

Выпив стаканчик чая на молоке со специей масала, снова врываешься в музыку. Рядом танцует миниатюрная китаянка, выбрасывая вверх свои ручки и крутя попочкой как уточка. Сбоку индус в чалме и с огромной бородой, парочка лесби-девочек из Амстердама, бритоголовый немец, пожилой англичанин с татуировками, компания чехов с дредами, странные веселые девчонки из Лондона. В этом единении народов под музыку и общую радость, понимаешь, что вот здесь под этими пальмами – свобода по-настоящему. И никакой Казантип и Ибица со своими коммерцией и пафосом не сравнятся. Некое подобие атмосферы крымской Лисьей бухты и Коктебеля в его лучшие времена. Кстати, в Гоа четко заметно большое количество тусовочных европейцев «за 50», этакие старые хиппари, в вольных одеждах, прическах и мыслях. Смотреть на них очень даже приятно. Они – настоящие.

После окончания пати, перебираемся в соседнюю деревушку Чапору. Состоит она из одной улочки в 10-25 ресторанчиков, где вполне открыто курят травку, немного пьют и много общаются. Тут встречается народ из разных мест, болтает и решает куда ехать дальше, где и когда проходят закрытые вечеринки. Круговорот Чапоры захватывает и засасывает. Так, мой товарищ отошел на 2 минуты к потягивающим сигаретку двум девчонкам из Ирака и пропал до утра. Самое знаменитое и культовое место Чапоры – джус-центр, небольшое помещение на 6-7 стоиков у большого священного дерева фикуса. Под деревом сидят неформалы разных стран и возрастов – кто-то спит в ожидании друзей, кто-то читает книгу, кто-то курит или медитирует. Под глоток сока ведут неспешный разговор. Такое ощущение, что все знакомы уже давным-давно. Здесь понимаешь, что Гоа – это настоящий современный пионерлагерь для взрослых.

У ствола стоит ящичек с индуистскими прибамбасами, изображения Шивы и Ганеши и связки цветов. Джус-цент знаменит не только своим широким набором очень недорогих свежевыжатых соков. Это – главная информационная площадка северного Гоа, самый посещаемый и доверительный информационный ресурс. Информация о вечеринках, экскурсиях, тусовках, аренде жилья, новинках шата здесь вывешивается либо на стенах центра, либо передается из уст в уста при неспешном разговоре под стаканчик сока. На стенах висят десятки объявлений об аренде комнат и байков, о потерях и находках, о продаже билетов, о датах пати и вечеринок. Но самое главное глазами здесь не увидишь - надо слышать ушами либо чувствовать сердцем…

Под стаканчик фреша из клубники в чапорском джус-центре, тысячи людей, впервые приехавшие в Гоа, рано или поздно клянутся вернуться сюда снова. Они улетают в свои северные страны, мучаются там и страдают, пересматривают фотографии и сны о гоанском зимнем лете, яростно рассказывают друзьям о чудо-стране и чудесных чудесах, происходящих с ними в Индии. Они словно одержимые тяжким недугом, собирают деньги и

отпуска с одной лишь целью – вернуться обратно в Гоа. Снова приехать в этот простенький джус-центр и заказав стакан сока и фруктовый салат, закрыть глаза и улыбнуться. Они счастливые, хоть и больные. Сильно больные синдромом Гоа…

Игрушечный Гоа

Гоа – это щадящая Индия для европейца. Здесь чувствуется южная Европа больше, чем Азия. Португальцы ушли отсюда лишь в 1961 году и оставили влияние европейского духа абсолютно во всем. В Гоа все очень условно и все смешано. Никто не знает, сколько точно здесь населения. Никто не знает грани между культами и религиями, которые перемешаны друг с другом. Здесь рядом стоит католический крест и идуистский храмик. Здесь коренной чернокожий гоанец носит вполне европейскую фамилию Родригес, а зовут его Хорхе. А в супермаркете среди специй и индийских чаев спокойно продается стеклянная бутылка нашего лимонада «Буратино».

В Индии для европейца все как-то смешно, не по настоящему, игрушечное и маленькое, но при этом все очень даже серьезно. Ларек по продаже куриного мяса или живых куриц будет называться громко «Куриный центр», а комната с двумя компьютерами с выходом в интернет - «Кибер-зона». Герой индийского боевика одной рукой кидает плохого парня в толпу бандитов и все 30 человек падают сраженные насмерть таким ударом. Даже полиции можно сказать, что у вас нет не только прав и паспорта, но и совсем денег на штраф. Полицейский обязательно попросит хоть немного денег, сколько сможете. И если ничего не дали, все равно скажет «Будь осторожен на дороге» и отпустит дальше.

Или пример доверительности этого народа. Одного министра, подозреваемого в «крышевании» наркобизнеса, журналисты спросили: «Куда подевалась основная улика по делу наркомафии – 20 кг гашиша»? Он, не смущаясь, в прямом эфире ответил: « В камеру, где хранилось 20 кг гашиша, проникли по трещине в стене муравьи. И муравьи съели весь гашиш. Улики нет и обвиняемый не виновен». И всех – прессу, народ этот ответ удовлетворил. В этом все индийцы - добрые, доверчивые, искренние.

Индийцы в Гоа

О похожести индийцев на нас, о наших общих корнях, праязыке, об их дружелюбии и искренности говорят многие путешественники. Подтвержу это мнение и я.

Индийцы – один из самых искренних и открытых народов. Обман и воровство в среде индийцев непривычны и осуждаемы. И не столько законом, сколько религией и традициями. Многие туристы в Гоа сетуют на назойливость рыночных и пляжных  торговцев, мол, они стараются надурить и заведомо заламывают нереальные цены для своего товара. При этом европейский турист мало задумывается о том, что назойливость торговцев на пляже – это необходимый инструмент для единственного заработка. Бедность в Индии достигает невероятных размеров, и чтобы заработать на пропитание (о деньгах на досуг, быт и даже одежду иногда речь даже не идет), тысячам индийцев приходиться либо попрошайничать в туристских районах, либо торговать на пляжах. Так и бродят, словно верблюды по пустыне, молодые девушки и парни, навязчиво предлагая белым туристам дешевую одежду, барабаны, очки, диски с музыкой гоа-транс, бусы и пластмассовую бижутерию, выдаваемую ими за зубы крокодила, либо клыки кабана. Женщины постарше таскают на своих головах огромные корзины с фруктами, заученно повторяя «ананас, кокос, банан». Не грубите им на их назойливость, ведь она не злая, а вынужденная. Не хотите покупать – просто сделайте отрешенное лицо и подкрепите уверенное «No» отрицательным жестом руки.

Индусы всегда улыбаются и не страдают. Они знают, что если им не хорошо сейчас, то в следующей жизни будет лучше. Живут в полнейшей гармонии с природой. Смотрят на Солнце, улыбаются ему и благодарят его за жизнь! Почти все животные священны: коровы, собаки, обезьяны, даже змеи. Убийство и воровство – самый сильный грех, совершивши его, индус не сможет переродиться заново и просто сам умрет.

Индийцы очень похожи на нас. Прежде всего, интонацией и юмором. Ученые-лингвисты и те кто, общался с торговцами, вслушиваясь в их русское «тебе харящо» или «ай, красота неземная», поймут о чем я. На дневном рынке в Анджуне и на пляжах мы смогли насладиться витиеватым знанием русского языка от десятков индусов. Торговаться с индусами приятно и интересно. И безжалостно торговаться – прайс можно снизить не только на половину, но и на три четверти от заявленной цены. Я торговался с восточными людьми в Египте, Турции и Китае. И уверенно скажу – с индусами приятнее. Они еще не стали такими надменными и льстивыми, как турки и арабы, они еще любят туриста искренне. Если вы заинтересовались товаром на пляже, торговка присядет к вам на песок и будет сначала с вами дружиться набором слов, который она знает по-русски: «Привет, как дела? Как твое имя? Пасаматри какая у меня есть красата неземная!». Выдав свой русский словарный запас, на вопрос о цене, она скажет вдруг «Скажи свой прайс, сам назови цену». Немного входишь в ступор и когда называешь что-то типа: «100 рупий», девушка-торговка вскидывает картинно руки и глаза к небу и удивлено и обижено произносит, смотря с улыбкой в глаза: «Ты хочешь меня убить! Это стоит 500 рупий». Принимая игру, я обычно отвечал: «Ты прекрасная, просто красота неземная, я не хочу тебя убивать, но больше 200 рупий не дам». В итоге вы приходите к общему мнению, что 150 рупий от заявленных ею 500 тоже хорошо и сфотографировавшись на память, расстаетесь. При расставании тебе пожмут руку и скажут: «Теперь ты мой друг» и пойдут дальше, улыбаясь теперь все последующие встречи – на лица у них память хорошая. А могут, решив, что вы теперь друзья, никуда сразу не уйти, а неожиданно попросить угостить ее обедом!

Но не только местные торговцы ходят по гоанским пляжам, облюбованным белым человеком. Нередки здесь индийцы из соседних штатов, которые приезжают на море как туристы. Те, что побогаче - живут в отелях, те, что победнее - приезжают к морю по выходным дням на пикники. Они выгружаются из своих машин и автобусов, рассаживаются под пальмами на пляже, купаются, а потом начинается современная индийская забава – рассматривание полуодетых белых людей. Купаются многие индийцы довольно своеобразно – полностью одетые. Группками, держась за руки, заходят они в воду по пояс и так и стоят одетые в штаны и рубахи, а поверх еще и в спасательный жилет. Конечно, не все купаются так, но очень многие, особенно приезжие из соседних материковых штатов страны.

Еще одна приметная картина гоанских пляжей – бродящие группками одетые мужчины, рассматривающие загорающих белых леди. Ходят они вдоль линии прибоя и посматривают, иногда довольно пристально, вполне открыто, но не бесцеремонно. А больше с удивлением и неким смущением, смешанным со стыдливым желанием. Ведь, их индианки никогда не раздеваются так на пляже, да и многие молодые индийцы обнаженное женское тело видят до свадьбы лишь на картинках. Так и бродят они как стайки молодых бычков, прижимаясь друг к дружке, держась за руки и вертя головами, якобы незаметно фотографируя белых девушек на камеры своих мобильников. Что они потом делают с этими фотографиями – можно только догадываться.

Вообще - кажется, что процесс перехода изображения с натуры на экран камеры или мобильника они воспринимают как загадку и чудо, данное богами. Каждую фотографию они рассматривают подолгу и с удивлением. Часто фотографируются и с белыми мужчинами. Но это никак не связано с гей-культурой, которая в Индии сведена к минимуму. Индийцам просто интересно побыть рядом с белым человеком («белой обезьянкой») и оставить его изображение у себя. Вполне нормально, что к тебе, улыбаясь, подойдет компания местных мужчин и начнет трясти за руку и обнимать, прося с ними сфотографироваться. Иногда даже не на их, а на твой фотоаппарат. Как будто, тебе необходимо их групповое фото и ты не сможешь его стереть одним нажатием кнопки «delite». Сначала все это воспринимается как-то дико, но

вскоре и тебе передается эта искренняя радость.

И не стоит искать подвоха в целенаправленно идущем вам навстречу индийцу с протянутой рукой для приветствия и неизменным «Хеллоу, френд». Ему просто так захотелось поприветствовать белого человека – гостя его страны. Нередко к вам может подбежать радостный индиец и попросить подержаться за вашу руку, приговаривая «на счастье, на счастье». Он искренне верит, что, прикоснувшись к успешному белому человеку, обретет кусочек счастья и удачи. Не разочаровывайте его. Пожмите ему руку, ответьте на улыбку и вопрос «вэа а ю фром», сфотографируйтесь на память на его мобильник и расстаньтесь с улыбкой. Только руки потом помойте :). Да, и на вопрос откуда Вы, не стоит выпендриваться и говорить – из

Украины, Беларуси, Молдовы, Казахстана – для местный известна только «Раша». Говорите, что вы из России – и это облегчит всем понимание.

Жизнь в Индии похожа на яркий праздник в нашем понимании. Хотя, что первично – праздник жизни или жизнь, как праздник – сказать уже трудно. Индийцы не только искренне и по-детски радуются всему, но и максимально стараются украсить и раскрасить свою жизнь. В яркие краски раскрашены не только дома и  практически вся продукция, но даже борта грузовиков. Цветы и разноцветные флажки здесь всегда и везде – на авто, на шеях, на храмах, домах и деревьях. Женщины - дорожные рабочие, таскающие на головах миски с бетоном и роющие кирками канавы, одеты в разноцветные сари и украшения. Кстати, женщины строят здесь наравне с мужчинами. Вдоль дорог выстраиваются цепочки мужчин и женщин, роющих канавы кирками, лопатами и мотыгами. Тут же рядом бегают дети и помогают родителям. Когда строиться дом, вереница женщин и мужчин таскает раствор, песок, камни на голове в специальных корытах.

А уж если случиться праздник - то повсюду оглушительно гремит и играет музыка, взрываются петарды и фейерверки. И чем громче – тем красивее. Отсюда и постоянное гудение на дороге. Правил дорожного движения в нашем понимании в  Индии нет. На дороге прав тот, у кого транспорт больше и кто сигналит громче.

Сигналят по любому поводу – при повороте и остановке, при начале движения и торможении, при приветствии и предупреждении, да и просто так – насладиться звуком своего клаксона. Индийцу нравится сам процесс извлечения звука. Правда, никто из участников дорожного движения на эти звуки не обращает никакого внимания.

Радоваться своей жизни и принимать ее как есть, индийцы учатся с детства с постижением основ своей религии – индуизма. Каждое утро на улице у наших апартаментов убирал дворник-индус – всегда в одних и тех же шортах и порванной в десятке мест майке. Его работа одна из самых непрестижных в понимании нашего человека. Но этот индиец всегда широко улыбался, принимая от нас мусор для сжигания, и искренне приветствовал нас маханием рук – и утром, и днем, и вечером. Он доволен своей жизнью и счастлив. Он знает, что могло быть и хуже, и уверен, что в следующем своем перерождении будет жить лучше.

До сих пор в Индии существует система каст, согласно которой род занятий человека предопределен его рождением и наследственностью. Если ты родился в семье рыбака, ты никогда не сможешь стать ученым или офицером. Ты будешь так же как твой дед и отец ловить рыбу и сдавать ее торговцу на рынок. И этот торговец так же всю жизнь, как и его предки, будет торговать на рынке. Вырваться из этого круга можно лишь сменив религию и отказавшись от индуизма.

Когда в Гоа наступает самый пик дневного зноя, у местного населения начинается гоанская сиеста. Для туриста это в диковинку, но местные относятся к послеобеденному сну в зной как к ежедневной обязательной гигиенической процедуре. Где бы не работал гоанец, он непременно захочет поспать часок-другой. Особенно ярко это видно на рынках – здесь торгует простой люд, бесхитростный. Торговцы в один момент вдруг прекращают работу и полностью отключаются. И все равно, что кто-то захотел что-то у них купить – сон важнее. Кто спит на газетке прямо на земле, кто на своем товаре, кто на рабочем месте.

Гоанцы работают не только на пляжах, в шеках, отелях и рынках. Такой относительно легкий курортный труд имеет большую конкуренцию в рабочих местах. На курорте работать и выгодно и престижно. Можно заработать не только приличную зарплату, но и чаевые. А если повезет, то можно и слегка облапошить доверчивого и забавного европейского туриста. Например, впихнуть только прибывшему «белому кролику» втридорога ненужный ему барабан.

Или показать фокус с чисткой ушей на пляже. Можно вынудить своим заунывным попрошайничеством купить какую-то тряпку, если долго идти за белым по пляжу или час сидеть возле его лежака. Достаточно легкие деньги в сезон срывают таксисты и те, кто сдает в аренду скутера.

Но если немного отъехать от основной трассы Бага-Арамболь в сторону, то нередко видишь другую работу. Тяжелую, изнуряющую, под солнцем и в пыли. Чтоб получить за день труда помятую бумажку в сотню рупий. Ведь и этой сотне будут рады родители в деревне, откуда прибыл молодой паренек на стройку новой дороги у Морджима. Роют канавы для труб и отсыпают дорожное полотно не только мужчины, но и женщины. В ярких сари ритмично машут они  киркой, выбивая из красной пыли куски камня.

Не менее адский труд у собирателей песка в речке Теракол. На середине реки, где течение несет массы песка, стоят их лодочки. Огромный сачок опускается в мутную воду и несколько пар крепких рук вытягивают этот сачок на дно лодки. Высыпают песок в кучи и снова опускают в пучину Теракола свое нехитрое приспособление. Лишь когда лодка полностью осядет от тяжести куч песка и вода подойдет вровень к борту, плывут к берегу с грузом.

Общаясь с европейцами, с приходом в жизнь Интернета, многие молодые индийцы задумываются над возможностью выхода за рамки кастовой системы. «Индии нужна культурная революция», - смело заявляет мой знакомый, 27-летний индиец Рауль из касты шудр – рабочих. «Наш народ боится перемен и не хочет менять установившиеся порядки. Крестьяне полностью не образованны и воспитывают таких же необразованных детей, у которых просто не хватает мозгов понять, что они могут жить лучше – могут учиться, работать и богатеть. Главная проблема нашей страны – политики, которые не дают людям вырваться из круговорота каст, очень сильное разделение общества и индийская киноиндустрия Болливуд. Болливуд показывает счастливую жизнь, в наших фильмах все пляшут и поют и никто не работает. Индийцы любят кино и верят ему – они считают, что так и надо жить – только петь и танцевать». Сам мой собеседник родом из крестьянской семьи, работал официантом, но познакомился с русской девушкой, женился на ней и сейчас открыл свое дело в курортном штате Гоа - турфирму. Он – типичный представитель нового, пока еще малочисленного, поколения индийцев. Они наполовину европейцы, их родители полностью живут по старым восточным индуистским законам, а кем будут их дети - не совсем понятно. Однозначно, они не будут похожи на своих бабушек и дедушек. Возможно, именно они станут основой новой Индии – новой сверх мировой державы.

Европейцы в Гоа

В Гоа много европейцев. Они открыли для себя этот уголок мира давно и считают его родным иноземным курортом. Хотя Гоа был португальской колонией, португальцев нынче здесь немного. Зато у некоторых индийцев встречаются португальские фамилии и имена. Европейцы прилетают сюда на несколько месяцев, многие живут годами. Открывают здесь свои магазинчики и ресторанчики с эксклюзивным и качественным товаром. На ночном рынке в Арпоре и фли-маркете в Анджуне у европейцев отдельные торговые ряды. Здесь можно увидеть настоящих старых европейских хиппи. Подвижные французские бабулечки лет под 70, все в тату и пирсинге, в коротких кожаных юбках и майках. Они живо обсуждают последние новости с длинноволосыми мускулистыми парнями из Италии. Наблюдая за их общением, понимаешь – здесь они дома, «в своей тарелке». От них веет свободой и самодостаточностью.

Вообще гоанские европейцы в большинстве своем татуированные, с немыслимым пирсингом и стильными хипповскими прическами. Одежда их - сплошной креативный и эксклюзивный хенд-мэйд.

По вечерам в Чапоре на улице собирается другой европейский народ – американцы, немцы, англичане возрастом лет под 50. Англичан больше всего. Они пьют пиво, смотрят телевизор в кафе, обсуждают новости и смеются одним им понятным шуткам. Они общаются друг с другом как на родине где-нибудь в пабах Баварии или булочных Парижа. Они не фрики и хиппи – вполне благонадежные отцы семейств, которые просто рванули на пару месяцев на курорт – попить пива в приятной компании в теплой стране. Во всем их поведении видна неподдельная радость жизни и свобода в действиях и мыслях.

Полная противоположность нашим родителям, вынужденным всю свою жизнь тяжело работать и противостоять трудностям.

Русские в Гоа

В Гоа очень четко видны наши русскоязычные туристы. Почти все они ярко выделяются среди других европейцев. Толпами проложили дорожку себе в Гоа москвичи и питерцы. Чуть меньше других россиян, пока еще мало украинцев и белорусов. Тех, кто приезжает как на курорт, называют пакетниками. Пакетники – это те, кто приезжает по пакету от турфирмы (перелет-отель-питание-страховка). Они живут в отелях и ограничены во времени сроками путевки. Иногда среди них можно заметить тетушек бальзаковского возраста необъятных размеров, бродящих в халатах и шлепках по улочкам индийских прибрежных деревень. Как-то вечером я заметил такую семейку, неизвестно как забредшую в Чапору близ джус-центра. Папа в гавайских шортах и майке, мама в китайском халате с драконами и бабочками сыночек в алладинах и рубашке со знаком ОМ и камерой в руках. Они ошарашено и испуганно смотрели на весело болтающую европейско-хипарскую братию, погруженную в гашишный дым.

Иногда пакетная молодежь, приезжая в Гоа, пытается тут же погрузиться в среду. Первым делом они покупают алладины и рубашки с омчиками, или футболки с Ганешей и Шивой. Панически ищут, где бы купить чарос и покупают его у местных на пляже, чем неимоверно гордятся. Их девушки одевают индийские платья и наклеивают на лоб индийские украшения. Все они считают себя мгновенно прикоснувшимися к индийской культуре и индусской философии. Считают необходимым приехать к джус-центру в Чапору и побывать на пати. Я и сам в свой первый приезд в Индию купил на дневном рынке в Анджуне алладины и попсовую туристскую рубаху. Проходил в них все десять дней турпакета и чувствовал неимоверную причастность к Индии. И лишь через год понял насколько глупо и вызывающе выгляжу в глазах гоаиппл и индийцев в этом «халате».

Все чаще встречаются в Гоа и другие «наши» - те самые, от которых уже противно ездить в Турцию и Египет, благодаря имиджу русского человека, привнесенного им. Этим ребятам нужно в Анапу или Геленджик, но никак не в Индию. Противно наблюдать на пляже Анжуны московских пацанчиков в тельняшках, капитанских кепках, футболках-гавайках. Как сами говорят, они приехали «попить пивка в дешевую гоашку». Они пьяно гогочут и матерятся на пляжах Морджима и Ашвема, гоняют на скутерах по полосе отлива на Парадайз-бич в Махараштре, издеваются над торговками в Вагаторе. Их девочки с силиконовыми губами и презрительным взглядом смотрятся глупо для окружающих и круто для себя. Приезжает эта братия с большими деньгами и под них уже крутят русскую попсу в дорогом анджуновском клубе «Парадизо», для них переводят меню на русский в ресторанах и для их улыбок выучили свой нехитрый набор слов пляжные торговцы «пасматри мой магазин, мистер. Твоя девушка – красота неземная. Купи барабан, али-баба, ананас, какос, харашо».

Этот народец приезжает на пати как на экскурсии – в спортивных штанах и кепках – и непонимающе смотрит на танцующих хиппи. Однажды на пати в культовом клубе Керлис укатывали своих подруг в сарафанах и на каблуках двое толстопузыхпареньков в шортах Адидас, майках и как вершина безвкусицы – кепках а-ля «люберецкая шпана». В разговоре с одним из гоа-иппл я высказал опасение, что такой народ испортит дух Гоа и перемолет его под стать Анталии и Хургады. «А ты думаешь, эти люди сюда вернуться еще раз? Им тут все непонятно и неинтересно. И Индия таких людей не примет и отторгнет, она не подчиниться полной курортной европезации. Сама Индия намного сильнее, чем мы думаем», - ответил он.

Некоторые возвращаются сюда на следующий год – уже другими. Они  уже не подстраиваются под местных. Они становятся похожими на европейцев. У русских гоапипл заметен свой стиль в одежде и поведении. Они уже не азиаты, но и не европейцы. Такие русские остаются здесь на несколько месяцев, а то и на полгода, вплоть до сезона дождей. Есть и откровенные наркоманы – люди без цели и постоянных средств к существованию, живущие от раскурки к раскурке. Но таких немного – сама Индия их не любит. Многие здесь периодически подрабатывают – на рынках, в клубах, в шэках, гидами, переводом. Кто-то приезжает сюда целенаправленно со своей устойчивой работой – дизайнеры, программисты, писатели. Они могут себе позволить удаленный бизнес – главное чтоб был интернет. Кто-то открывает здесь на сезон ресторанчики или турагентства. Эти люди уже безвозвратно поменяли свой стиль жизни. Они покупают квартиры и виллы в Сиолиме, Чапоре, Анджуне, Морджиме. Некоторые даже основали здесь семьи и родили детей. Гоа-жизнь прочно вошла в их душу и они отныне уже «Russian goa-people».

Эль Шаддай – дети с будущим

Когда-то, в 1996 году, английская туристка Анита Эдгар приехала на отдых в Гоа. Таких туристок приезжают сотни тысяч. Купаются, загорают, пьют пиво, смотрят экскурсии. Анита Эдгар тоже сначала просто лежала на пляже. Но однажды к ней подбежали местные детишки из нищих семей, попрошайки. Что-то просили покушать, несколько рупий.

Туристы в Гоа привыкли к таким детям. Их родители приезжают на заработки в курортный Гоа из соседних штатов, что-то продают, а дети предоставлены сами себе. Попрошайничают, болеют, умирают. Детей в таких семьях много, поэтому пропажа одного или двух родителей совершенно может не волновать. Ну а разговоров об учебе и образовании тут даже не поднимают. Взрослые знают: их ребенку уготована такая же участь – бродить по дорогам Индии, просить милостыню, воровать, тяжело трудиться, болеть, рожать десятки таких же нищих детей, которые повторят судьбу родителей.

Но глаза детей этих бедняков светятся жизнерадостностью. Их глаза сверкают, а улыбки ослепляют. Они еще не познали настоящую нужду, они еще хотят жить ярко и интересно.

Анита Эдгар вдруг очень резко это осознала и тут же в Гоа приняла решение – посвятить свою жизнь этим детям. Постараться своими силами вырвать хоть кого-то из них из этого круговорота нищеты. К добрым делам всегда притягиваются добрые люди. Так и Анита Эдгар чудесным образом познакомилась с местным индийским католическим пастором Мэтью Курьяном.

Сейчас Анита Эдгар и Мэтью Курьян так же работают в Гоа, совместно руководя работой фонда. В 1997 году был основан благотворительный фонд «El Shadday». С тех пор фонд заботиться об индийских (не только гоанских) детях из трущоб, беспризорных, детях, чьи родители сидят в тюрьме, смертельно больны или занимаются проституцией. Сейчас центр фонда и его основные действия расположены на территории Гоа. Но уже активно работают филиалы в других штатах. Видение миссии фонда определяется девизом «Дать детям детство, которого у них не было».

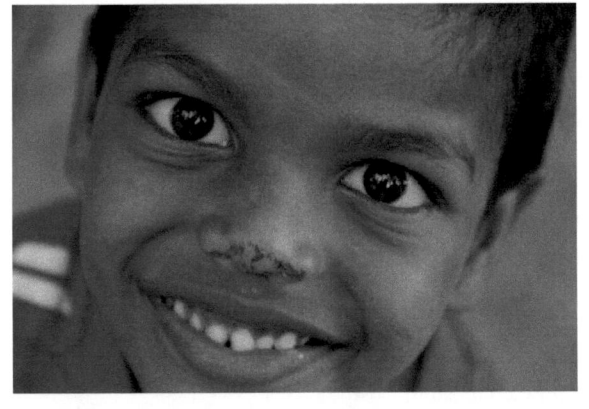

Сейчас фонд «Эль Шаддай» имеет несколько домов в Индии, пожертвованных добрыми людьми. В этих домах живут и учатся ребятишки. В одних домах живут девочки и мальчики до 7 лет. После 7 летя ребят разделяют – девочки отдельно, мальчики отдельно в других домах. В структуре фонда сейчас общественные приемные, госпиталь для ВИЧ-больных детей, приюты с круглосуточным уходом, информационно-просветительские проекты в штатах Карнатака, Керала, Нагпур. Все беспризорные дети в структуре Эль Шаддая обеспечиваются бесплатной одеждой, едой и жильем. Но самое главное, что детям обеспечивают полную медицинскую помощь, нередко проводят очень серьезные и дорогостоящие операции. Взрослея и живя в системе «Эль Шаддая», дети не только учатся в школе, но и прививают навыки профессий. Ребят обучают шить одежду, готовить еду, строить дома.

Португальская Индия, индийская Португалия.

…Когда раджа увидел с веранды своего дворца в бухте Каликута большие чужие парусники, его поглотило любопытство. Корабли не были диковинкой для раджи. Арабские моряки и торговцы уже давно хозяйничали в его владениях, но при этом умели уживаться в нейтралитетном соседстве. Местное население не трогали, использовали порт как перевалочную базу для своих торговых путей. Раджу уважали или хоть делали вид. Несмотря на свое оружие, арабы понимали: в Индии они лишь захватчики-гости и гнев многочисленного местного народа без причины не подогревали.

Эти же корабли были другими. Пришельцы были одеты в непривычные глазу раджи одежды. Цвет кожи их был светлее всех людей, которых он видел до этого. Имя старшего было Васко да Гамма и представился он заморским званием «адмирал». На календаре прибывших европейцев был 19 день месяца мая 1497 года от Рождества Христова…

Так началась эра «открытия» Индии для европейцев. Индия к этому времени обладала богатствами, намного превосходящими богатства и португальской, и английской короны. Но жители индийских царств уступали европейцам в жестокости и воинственности. Моряки Васко да Гаммы и его последователя адмирала Кабрала, благословленные португальским королем и Римским Папой, с усердием устремились на новые земли. Перед ними стояли две задачи – захват индийских богатств и перевод язычников в христианство.

В первую очередь под португальский меч попали мусульмане. Арабские корабли горели, заложников сотнями топили и жгли живьем, отрезали носы и уши, резали животы. Та же участь вскоре постигла местных жителей. Захватив корабли индийского раджи, Васко да Гамма отрубил руки, отрезал носы и уши восьмистам индусам. А мирным послам раджи на место отрубленных ушей и носа, пришил собачьи и в таком виде отправил обратно. Португальцы разрушили все арабские укрепления-форты, стерли с лица земли старые индуистские храмы, возведя на их месте католические церкви. Моряки с хищническим задором насиловали местных индианок, убивая их мужей. С тех пор и имеют большинство современных гоанцев ярко выраженные европеоидные черты лица. Через какое-то время Папа Римский прислал в Гоа иезуитов. На площади столицы Олд Гоа ярко разгорелись костры с еретиками-индусами, в подвалах Дворца инквизиции топили, резали, кололи, жгли тысячи и тысячи местных жителей, которые не желали переходить в христианство. В итоге веселые и яркие индуистские боги отступили вглубь джунглей и вышли оттуда к людям лишь с обретением Гоа независимости в 1961 году.

Столицей своей колонии португальцы выбрали город Олд Гоа на берегу реки Мандови, который к их приходу был второй столицей индийского султана Юсуф Адил Шаха. Португальцы возвели в своей столице множество храмов, административных зданий и жилых домов, построили порт и дороги. С 1510 по 1847 год Олд Гоа был главным городом колонии. Но близость к джунглям и реке приносила постоянные эпидемии тропических болезней – холеры, малярии. Решено было перенести столицу ближе к морю. Олд Гоа же остался главным культурным и религиозным центром португальцев в Индии.

Олд Гоа. Святые и их чудеса.

В христианском мире Олд Гоа известен как место хранения мощей святого Франциска Ксаверия – миссионера-иезуита, ближайшего сподвижника св. Игнатия Лайолы и сооснователя Общества Иисуса (Орден Иезуитов). Франциск Ксаверий прибыл в Гоа в 35-летнем возрасте в 1542 году по приказу Римского Папы с миссией обращения индийцев в христианство. При помощи иезуитских средств – убеждения силой слова и оружия – он смог внести слово Христово в массы индусов. Римско-католическая церковь считает, что Франциск из всех миссионеров обратил в христианство больше всего людей. Затем поплыл дальше на восток с миссионерскими целями, где и умер в возрасте 46 лет. Его останки переправили в Гоа, где оказалось, что мощи нетленны. Миссионер был канонизирован в 1622 году и считается святым покровителем Гоа, Австралии, Китая, Японии, Новой Зеландии и Борнео.

В Гоа рассказывают сотни случаев исцеления после молитвы у святых нетленных мощей. Его правую руку отрубили и в качестве реликвии отправили в Рим, часть мощей была отослана по многим храмам Европы и Азии. Сейчас остатки мощей хранятся в Олд Гоа в богатом мавзолее базилики Бон Иесус. В алтарной части базилики под стеклом в богато украшенных шкафах лежат части тела святого - кости, ребра, пальцы… Основная часть тела с головой покоится в богатом саркофаге, украшенном золотом, серебром, драгоценными камнями. Раз в 10 лет на 6 недель саркофаг открывают и паломники под стеклом могут видеть святые мощи. Ближайшее время выставления на обозрения мощей – декабрь 2014 года. В позапрошлом веке одна из фанатичных паломниц в религиозном экстазе кинулась к мощам Франциска и откусила у него палец на ноге. С тех пор мощи тщательно охраняют и доступ к телу закрыт стеклом.

Хотя базилика посвящена Иисусу Христу, интересно, что в центре алтаря стоит 3-х метровая статуя Игнатия де Лойлы - основателя Общества иезуитов. Иезуиты имели неограниченную власть в Гоа и главный храм посвятили своему основателю и духовному лидеру. Как и многие европейские святые, изображенные в Индии, Игнатий Лайола с темной кожей и похож на индийца. На небольшом пьедестале, у ног статуи Лойлы расположена статуя маленького Христа, что тоже необычно. То есть, Христос здесь фигура второстепенная. Оказывается, фигура Иисуса была добавлена позже во время гонений на представителей ордена иезуитов в Гоа. Им инкриминировали отступление от догм и моралей христианства в угоду своему ордену и накоплению богатств. Иезуиты и здесь вывернулись – просто подставили маленького Христа перед Игнатием Лайолой. Мол, «Христос для нас всегда важнее и он всегда впереди наших собственных интересов». Теперь никто не смел разрушить фигуру Отца ордена иезуитов.

А перед выходом в базилику Бом Иесус продаются необычные сувениры, аналогов которым нигде в мире нет! Пластмассовые ноги, руки, головы. Как будто кто-то разорвал игрушку-пупсика. На самом деле, эти сувениры подразумевают части тела святого Франциска Ксаверия. Очень необычно и как-то диковато.

Где-то здесь же в Олд Гоа захоронена святая покровительница Грузии – царица Кетаван. Святая Кетаван была казнена в Иране в 1624 году во время своего паломничества на Восток. Свидетели казни - португальские миссионеры – отправили ее голову и руку в Грузию, а остальные мощи в Гоа - тогдашний «Рим Азии». Грузинские власти регулярно ведут переписку с властями Индии на предмет археологического поиска останков царицы. Целенаправленные раскопки ведутся, но пока мощи не найдены.

Обычно осмотр храмов Олд Гоа начинают с кафедрального собора Се (святой Екатерины). Святую Катерину почитают в Гоа – ведь именно в ее день 25 ноября 1510 г. португальский командор Альфонсо де Альбукерке разбил войска мусульман и завоевал Гоа. Собор св. Екатерины - самый величественный храм Гоа. Он имеет 15 алтарей и 8 часовен. Собор возводился в стиле португальской готики португальскими и индийскими мастерами в течение 80 лет. Деньги на его строительство власти насобирали путем отъема имущества у всех мусульман и индусов, которые не имели наследников. Мол, богатства с собой в могилу не заберете, передать некому, поэтому они послужат на благо христианства.

Вид собора Се так же единственный в своем роде в мире. Лицевая часть собора –ассиметрична, не хватает одной колокольной башни. Дело в том, что в 1775 г. одна башня частично разрушилась из-за урагана. Заново делать ее не стали, а аккуратно разобрали – так и стоит теперь собор с одной колокольной башней. В сохранившейся башне виден знаменитый «Золотой колокол», названный так из-за добавления золота при заливке для улучшения звучания. Именно этот колокол оповещал начало иезуитских казней на площади перед собором.

Собор св. Катерины известен своим чудом – Крестом, установленным здесь в 1845 году. По легенде, этот Крест изготовил простолюдин, к которому явился Христос. Крест решили поставить внутрь деревенского храма, но пока храм возвели, крест сам… подрос и уже не проходил в ворота. В итоге крест подрезали и занеси внутрь, но он и там стал расти. Говорят, и сейчас крест растет ввысь. Верующие могут прикоснуться к чудесному кресту и попросить об исполнении желания через отверстие, проделанное в футляре, обрамляющем реликвию.

Внутри собор св. Екатерины почти лишен фресок и весь светится белизной извести. Дело в том, что во время эпидемии чумы в XIX веке службы в соборе не проводились и он пришел в упадок. При возобновлении служб, местные индийцы-католики в своей наивной простоте решили провести ремонт и «сделали красиво» - просто забелили все фрески 1510 года белой известкой.

Лет 20 назад были предприняты попытки снять известку и восстановить древние фрески, но ЮНЕСКО запретило это делать, опасаясь их уничтожения.

Но не только католические храмы возводили в своей столице португальцы. Не забыли они и о человеке, которому обязаны были открытием Индии. Единственный в Гоа памятник адмиралу Васко да Гамме находиться на пути от собора св. Екатерины к парому на реке Мандови. Над дорогой выстроена величественная для тех времен Триумфальная арка. Воздвиг ее внук Васко да Гаммы – губернатор Гоа Франциско да Гамма в память о деде. На одной стороне арки барельеф с лицом мореплавателя, а на другой символичный барельеф победы португальской короны над исламом – португалец стоит над поверженным врагом-мусульманином.

Сейчас несколько десятков действующих и разрушенных храмов и монастырей Олд Гоа внесены в фонд мирового наследия ЮНЕСКО и посещаются тысячами туристов и паломников.

Самая короткая война

После того как в 1947 году Индия стала независимой государством, движение за освобождение Гоа получило официальную поддержку. Несмотря на неоднократные попытки индийских властей решить вопрос путем переговоров, правительство Португалии игнорировало все подобные предложения. В итоге премьер-министр Индии Джавахарлал Неру принял решение о применении военной силы. 17 декабря 1961 года началась двухдневная операция «Виджай» («Победа»), в ходе которой индийские войска, почти не встретив сопротивления, заняли всю территорию Гоа.

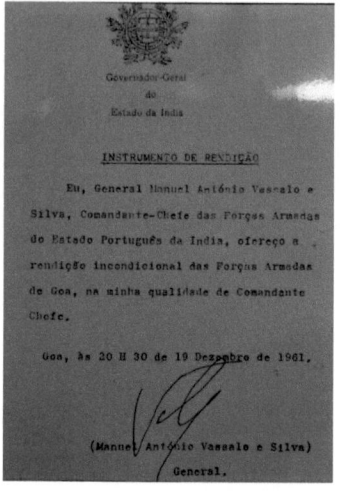

19 декабря 1961 года Гоа официально вошел в состав Республики Индия. Это в своем роде уникальная война, она началась и закончилась в течении 36 часов. Со стороны Индии в операции участвовало более 45 000 военных, португальцев же было всего 6245 человек. Официальный Лиссабон не желал видеть очевидного и приказал сражаться до последней капли крови. Несмотря на запрет из Лиссабона губернатор позволил 700 европейцам эвакуироваться на имевшемся одном корабле. Судно было рассчитано на 380 пассажиров, так что люди занимали даже туалеты. Губернатор так же получил приказ разрушить все здания не военного назначения построенные португальцами. Но он не стал выполнять это поручение, сказав: «Я не могу разрушить доказательства нашего величия на Востоке». Благодаря его здравому разуму мы можем любоваться сейчас красотой храмов и португальских вилл. В 20 часов 30 минут 19 декабря 1961 года, губернатор генерал Мануэль Антонио Вассало э Силва подписал акт о капитуляции положив конец 451 летнему португальскому владычеству в Гоа. Итог 36-часовой войны: Португалия потеряла 31 убитых, 57 были ранены, 4668

человек попало в плен к индийским войскам. Официальные потери Индии составили 34 убитых и 51 раненых солдат.

Португальское наследие

Сейчас многое еще напоминает о португальском владычестве, многие люди помнят жизнь при португальцах. Отношение к ним разное. Было при португальцах и плохое, и хорошее. Почти половина тысячелетия жизни с пришлой культурой, не могло не сказаться на культуре местных жителей. Оттого и тесные переплетения христианства и индуизма, внедрение одних культов в другие. Оттого и особый язык – смесь английского, португальского, конкани и хинду. Оттого и более светлая кожа гоанцев, более деловой нрав и яркие фамилии – Фернандес, Педрос, Нунес, Сальваторес. Оттого и возникновение абсолютно нового уникального стиля в архитектуре – гоанского. Такой стиль в архитектуре домов-вил, государственных зданий и католических храмов возник на основе традиционной индийской и южноевропейской архитектуры барокко.

Принесшие в Гоа христианство миссионеры выбрали тактику разрушения до основания индуистских храмов и постройки на их фундаменте храмов католической веры. Аборигены, принявшие христианство, шли на место своих бывших святынь, но проводили там уже иные обряды. Практически все католические церкви Гоа стоят на месте индийских храмов или святых индуистских мест. Индусы ставили небольшие храмики на всех выделяющихся формах рельефа - на перевалах, на мысах и больших камнях, у границы деревни, у старого дерева. Сейчас в этих же местах стоят каменные кресты. В Гоа каменный крест является привычной и гармоничной составляющей ландшафта. Без него уже сложно представить Гоа.

Чтобы прилечь индийцев в свою веру и быть к ним ближе, миссионеры допустили и некую трансформацию в архитектуре храма и в виде самих святых. Почти везде скульптурные изображения святых принимают темный окрас кожи и яркие индийские черты лица. Даже Божья Матерь (как здесь говорят – «Our Lady») и та иногда похожа на индианку. Индийцы поклонялись своим богам через каменные идолы – их скульптуры. Поэтому и стоят вдоль дорог и в храмах фигуры католических святых и каменные кресты, а не изображения-иконы.

Индийцы приносили своим божествам подношения - обычно это были связки ярких цветов. Точно так же сегодня на всех каменных придорожных крестах, на фигурах святых, на воротах католических храмов висят гирлянды оранжевых и желтых цветов. При входе в свой храм индусы приветствуют божество ударом руки по висящим над дверьми колокольчикам. В некоторых католических храмах со свода свисают такие же колокольчики. До них, конечно, не дотянуться и никто в них не бьет рукой, но традиция так поддерживаются.

Церкви всегда белили белой известкой и подправляли цвет каждый сезон после мансуна. Белоснежные ажурные церкви на фоне ярко-синего неба и зеленых кокосовых пальм – яркая типично гоанская картина.

Что касается пищи телесной, то и здесь сформировалась особенная гоанская кухня. Изначально индийцы были вегетарианцами. Португальцы научили их есть мясо говядины и козлятины, которое сейчас продается на местных рынках. Гоанцы стали активнее есть морепродукты и курицу. Тогда же появились и супы. Первые жидкие блюда до европейцев здесь не ели. Ведь индийцы кушают только правой рукой, пальцами, не используя столовых приборов. А супа много пальцами одной руки не наешь. Так Гоа познакомилось с жидкими блюдами и научилось есть ложкой и вилкой. До знакомства с белым человеком местные крестьяне пили ликер из кокосовых орехов и орехов кешью. Но вскоре переняли типичные португальские напитки – ром и портвейн. Сейчас известный гоанский ром «Old monk» (старый монах) и местный портвейн «Porto Vine» - любимые напитки местных жителей.

Но самое видимое наследие португальцев – это архитектура жилых домов. По всему Гоа разбросаны португальские виллы. Типичная вилла – это одно или двухэтажный дом с одной или двумя башенками-флигелями по бокам и открытым крыльцом посредине дома. Основная крыша обычно черепичная и четырехскатная, а крыши флигелей и веранды могут быть и шести и восьмискатные. К дому ведут 2-3 ступени, а крыша веранды держится на каменных или деревянных столбах. Если дом одноэтажный, то веранда выводит на обширный балкон. Здесь очень уютно посидеть теплым вечером или свежим утром в кресле за чашечкой ароматного чая или стаканом местного портвейна.

У богатых индийцев и португальцев виллы были двухэтажные, иногда рассчитанные на несколько семей одной фамилии. Такие дома могли достигать до 100 метров в длину и иметь несколько десятков комнат. Расположение комнат в богатых виллах не менялось. На первом этаже были бытовые комнаты, на второй этаж вела лестница, приводящая в зал для приемов. Далее разбегались жилые комнаты, рабочий кабинет размещали с фасада, столовую и бальный зал – в крыльях дома. Обычно эти дома-палацио по периметру опоясывает широкий балкон – «балкао». Резные рамы окон и двери, стены пастельных тонов с контрастом черепичной крыши, располагающий к отдыху балкон и веранда – все это очень мило смотрится в окружении кокосовых пальм и банановых деревьев. На заднем дворе дома вырывали глубокий колодец и располагались хозяйственные постройки.

Перед домом всегда открытый широкий двор, огороженный невысоким каменным забором. Заборы здесь служат больше не как преграда от людей, а как изгородь для коров и других животных. Высокие ступени веранды, забор и открытый широкий двор выступали хорошей преградой и для всяких ползучих гадов. На заборных столбах часто «усаживали» фигурки каких-то каменных зверей – львов, тигров, слоников. Эти фигурки и украшали забор и являлись неким оберегом. Часто на заборе или перед домом стоит каменный христианский крест. Как пережиток индусских культов, иногда перед входом на доме висит тряпичная кукла-уродец, отпугивающая злых духов.

И обязательным элементом португальской архитектуры гоанских вилл является дерево красавицы араукарии перед домом. Португальцы чтили празднование Рождества и принесли традицию украшать хвойные араукарии звездами и гирляндами в этот праздник. Местные жители не знают научное имя этого дерева и называют его просто – «Cristmas tree», то есть Рождественское дерево. И до сих пор в канун Рождества индийцы наряжают араукарии гирляндами, бумажными звездами и ватой. Хоть они никогда в жизни не видели настоящий снег, белая вата на хвойном дереве для них прочная традиция.

После изгнания португальцев была полностью пересмотрена экономика Гоа, проведена земельная реформа. В результате реформы земля богатых местных феодалов – индийцев-католиков, была отобрана и национализирована. Гоанские особняки содержались на доходы от больших плантаций, и после земельной реформы большинство пришло в упадок, так как их владельцы не имели средств на содержание большого дома. Сейчас потомки богатых семей, чтоб поддержать состояние дома, пускают к себе в гости туристов.

Гоанская вера

Европейцу кажется, что у местных нелогичное и по-детски наивное отношение даже к религии. Хотя на самом деле гоанцы очень искренние в своей вере. В Индии господствующей религией является индуизм. Его исповедует подавляющая часть индийцев. Кстати, одна из распространенных ошибок несведущего человека - всех индийцев называют индусами и всех индусов индийцами. Индусы – это последователи религии индуизма, индийцы – это жители Индии. А индейцы вообще к стране Индия и к религии индуизм никакого отношения не имеют. В Гоа же все не так, как в другой Индии. Не так здесь и в отношении религии. Индуизм здесь был запрещен вплоть до 1961 года, поэтому больше 60% населения исповедуют католицизм.

Гоа – самый христианский район Индии и, возможно, всей Азии. Здесь почти 450 лет удерживали свою власть португальцы, благодаря чему основная часть местного населения - католики. Сразу после «открытия» Гоа, Папа Римский прислал сюда иезуитов. На площади столицы Олд Гоа ярко разгорелись костры с еретиками-индусами, в подвалах Дворца инквизиции топили, резали, кололи, жгли тысячи и тысячи местных жителей, которые не желали переходить в христианство. В итоге веселые и  яркие индуистские боги отступили вглубь джунглей и вышли оттуда к людям лишь с обретением Гоа независимости в XX веке.

В Гоа мирно соседствуют уже тесно переплетенные христианские традиции и исконные индуистские обряды. В крупных городах на дорогах стоят белоснежные церкви стиля южноевропейского барокко. Храмы и кресты на фоне пальм и красных скал – очень красивое зрелище. И как-то спокойно и расслабленно становиться на душе от этого вида. Вдоль дорог везде стоят поклонные кресты, небольшие алтари со свечками, фигуры Богородицы, Христа и святых. Кресты стоят на перевалах, у границ населенных пунктов, у озер и болот, на мысах – на границах местностей. Кресты обычно облицованы простым белым кафелем, на одной из плиток яркий рисунок Богородицы или Христа. Рядом с крестами всегда место для свечей. Ночами кто-то зажигает свечи у крестов, отчего радостней становится проезжающему мимо путнику. Иногда

поклонные придорожные фигурки святых стоят на постаменте под стеклянным колпаком-саркофагом. Зрелище еще удивительнее о того, что все фигуры святых напоминают большие игрушки-куклы. А поверх крестов и фигур святых висят гирлянды с живыми разноцветными цветами. На вид эти фигуры кажутся сделанными из пластика или разукрашенного бетона начинающим мастером или ребенком. Все выглядит игрушечно и не серьезно. В рождественские недели у церквей на пальмах развешивают огромные яркие звезды.

Христианские церкви здесь не такие строгие, как в Европе. Индийская любовь к разноцветию и яркости перешла и на католические храмы – они часто развешены гирляндами цветов и разноцветных звезд, покрытых красноватой пылью. Да и нет рядом с ними того ощущения святости и величия, которые свойственны нашим православным храмам. Наши храмы вселяют величие и силу Господа, гоанские храмы - навевают мысль о яркости и радости жизни. Единение индуизма и христианства здесь повсюду. На перевалах стоят алтари индуистским богам, а в метре от них - католический придорожный крест. В машинах на приборных досках можно увидеть иконку с семейством Шивы, Парвати и Ганеши, а рядом фигуру святой девы Марии с умирающим Иисусом на руках.

На севере Гоа чаще встречаются индуистские храмики и монастыри. Перед большинством домов стоит каменный алтарь со священным деревцем Тулси. Ему поклоняются каждое утро, умывают, кормят. Считается, что через это деревце (род кустарникового базилика) можно общаться с богом Вишну. Почти каждое старое дерево имеет у ствола небольшой храмик – домик богов. Храмик – это небольшой яркий домик, где за решетчатыми воротами живет бог. В храмике стоит фигурка одного из сотен индийских богов – тут дымятся палочки, лежат кусочки кокоса и цветы. Стоят такие алтари-храмики и на перевалах, соседствуя с католическими крестами. Во второй половине XX века в городах и вдоль дорог начали возводиться настоящие большие индуистские храмы и монастыри. В них можно зайти и посмотреть убранство, предварительно сняв обувь. На воротах многих домов висят гирлянды цветов, такие же гирлянды на автомобилях – это все элементы индуистских культов. Что-то отпугивает злых духов, что-то приносит благосклонность добрых богов.

Самое сильное впечатление от индуистского храма мы получили, посетив храм бога Ганеши в деревеньке Рэди за рекой Теракол. История гласит, что 18 апреля 1976 года водитель грузовика, ехавшего на расположенный рядом карьер, припарковал машину на нынешнем месте храма и уснул. Во сне ему явился Бог Ганеша и сказал ему копать в этом самом месте, т.к. он (Ганеша) живет тут. Водитель верил в Ганешу, позвал жителей ближайшей деревеньки и они стали копать. К удивлению всех, появился двуручный каменный идол Ганеши. Это случилось 1 мая 1976 года, то есть в вполне обозримом прошлом. Этому чуду есть подтверждения – фотографии найденной скульптуры бога Ганеши и его ездового животного крысы. Жители  раскрасили статую Ганеши и начали строить храм.

Сейчас храм Ганеши еще в процессе строительства, но в то же время здесь явно чувствуется святость и чудо. В нашем православии пастухи обретают святые иконы в живоносных родниках, а в индуизме водители грузовиков находят статуи бога недалеко от карьера. Но итог один – святость места и поклонение чуду. Перед храмом бабульки продают небольшие наборы из бананов, кокоса, какой-то сладости и цветка. Все это преподносят Ганешу – это аналог наших свечей перед иконами. Здесь же продают иконки Ганеши,  статуэтки, ту же можно написать на хинди записку типа «о здравии». Мы были единственными европейцами, когда приехали к храму. Священник терпеливо и лояльно отнесся к нашему неведению местных обрядов. Он аккуратно показал, где снять обувь, как принести дары богу, окропил водой и дал скушать какую-то сладость – типа нашей просфоры. Лишний раз убедились, что все религии мира похожи обрядами и берут начало от единого Бога.

Священные деревья

Индусы почитают живую природу во всех ее проявлениях. И если о почитании животных турист больше слышит, нежели видит, то почитание деревьев в индуизме очень наглядно. Иногда кажется, что индусы настойчиво ищут повод, чтобы наделить необычное дерево статусом святости. Под понятие священных деревьев попадают практически все величественные многовековые исполины. Под понятие священного дерева могут попадать растения необычной формы (в него может вселиться божество и придать дереву такую форму).

Часто священны деревья с дуплом (ведь в дупле может жить божество!). Деревья возле храмов – естественно, священные. Одиноко стоящие деревья, деревья, растущие на скале, борющиеся за жизнь, цепляющиеся корнями за скалы – священные.

Священные деревья украшают гирляндами, иногда разрисовывают ствол. Часто у священного дерева устанавливают алтарь божества, устраивают площадку для молитв и медитаций. Под большим деревом удобно (не так жарко) молиться и построить домик для божества - вот и дерево становиться святым.

Самое простое и повседневное проявление священного дерева – это Туласи или Тульси. Это небольшое кустарниковое растение рода базиликов. Тульси – это дерево-кустарник, посвященное Вишну. По преданию, Тульси была ученицей Вишну. Желая сделаться его женой, она возбудила ревность его супруги Лакшми, которая, разозлившись, превратила молодую и глупую девушку в растение. Мораль – не надо играть с богами и заставлять ревновать жену Вишну! Вишнуиты каждое утро совершают перед вазоном с Тульси молитву, обращаясь через это дерево к самому Вишну

Увидеть его можно практически перед каждым индуистским домом в Гоа. Растет тульси перед входом в дом в большом украшенном вазоне - рундаван. Иногда вазоны для Тульси принимают весьма яркие и необычные формы и рисунки. Производство бетонных вазонов для Тульси – одно из ремесел местных гончаров. Лепят рундаван из готовых форм и украшают вручную. Самый простой «домик для Тульси» стоит 2000 рупий. Ну а обеспеченные индусы могут заказать себе эксклюзивные вазон и за 20 000 рупий.

Хлеб насущный. Гоанская кухня.

Индийская кухня - это еще одна достопримечательность в Гоа! Говорить и писать о ней сложно, как и о любой кухне мира. Поэтому лучше поехать в Гоа и самому все распробовать!

Местные живут очень просто и питаться могут за 1 доллар в день. Едят руками и только правой рукой. Левой рукой индийцы подмываются в туалете и она обоснованно считается нечистой.

Главное, что нужно запомнить в Индии - все блюда очень сильно приправлены специями. И если вы не любите ощущение пожара вокруг языка, просто скажите официанту «no spicy». Хотя в большинстве случаев и это не поможет. Вам все равно принесут крепко сдобренное перцем чили и еще десятком специй блюдо. Вообще, такое количество специй в пище оправдано - они убивают микробы и уменьшают риск заражения кишечными болячками и расстройствами желудка. Соусы со специями – основа всех блюд. Курица, рыба, овощи – все подается изрядно политое соусом из разжигающих слизистую рта специй. Гарнир обычно всегда простой – рис, но и он отдает специями. Специями посыпаны даже сладости и лекарства. Однажды мы попробовали перец чили в кляре из специй – есть вполне можно, но больше одного раза для европейца невыносимо.

Целая глава книги о гоанской кухне должна быть посвящена морепродуктам. Гоа - приморский штат и в отличие от материковой Индии, здесь довольно дешевые и доступные морепродукты. Рыбаки два раз в сутки - около 17 часов и около 5 утра выходят на 10-12 часов в море, где сетями ловят всякую вкусную живность. Если прийти к моменту их выгрузки на причал, то тут же можно купить свежевыловленных кальмаров, крабов, омаров, креветок разных размеров, акулу и другие диковинные нам виды рыб.

Мясо индийцы почти не едят - исключение курица, которая здесь поедается в огромных количествах. Многие блюда из курицы обладают безумно приятным вкусом. Например, «тандури чикен» - курица в специях, нанизанная на шампур и пожаренная в печи-тандури. Кстати, лишний раз доказывает общность пра-языков. В Индии - эта печь называется «тандури», а у наших татар такая же печь – «тандыр».

Особенность гастрономической ночной жизни в Гоа – индийские бабушки на транс-пати. Да-да-да! Индийские бабушки! Конечно, на вечеринках они не танцуют, но зато продают замечательные омлеты и «масалати» – чай со специей масала и молоком! На газовой горелке стоит маленькая сковородочка, на которую кидают яйцо и нарезку из лука, помидор и друге овощи со специями. Потом в этот омлет окунают лтпешку – и подают в таком виде омлет на лепешке. Вкусно очень!

Ну а фрукты в Гоа - везде, дешевые, сочные и часто необычные. Например, плод чику - словно сладкая картошка. Из фруктов в каждом шеке и ресторанчике делают фреши. Но самые

вкусные и дешевые фреши, конечно же, в Чопоре в двух знаменитых джус-центрах. Джус-центр - это небольшая кафешка на 5-7 столиков, довольно непрезентабельного вида у дороги из Сиолима на Вагатор в центре Чапоры у огромного баньяна - священного дерева с храмиком у ствола. В джус-центре готовят фреши из более чем 30 наименований фруктов и овощей. Стоят они не дороже 1 доллара и прекрасно утоляют и жажду и голод. Так же с фрешем не забудьте взять вкусный и огромный фруктовый салат - лучший завтрак тусовщика в Гоа. Один из джус-центров Scarlet Fresh Juice Centre, в котором работает женщина по имени Анита и ее братья, наиболее любим «зимовщиками». А второй, принадлежащий отцу и двум его сыновьям. называется Jai Ganesh Fruit Juice Centre. Он почище ,поэтому и популярен у туристов-пакетников. По нашему мнению, в джус-центре «Скарлет» фреши вкуснее и качественнее. А уж фруктовый салат с мороженным здесь самый лучший в Гоа!

Возле джус-центров продают очень вкусную жаренную кукурузу. Жарят ее прямо на углях мангала, затем обильно смазывают лаймом и втирают специи - вкуснотищща неописуемая. После Индии стали делать такую же дома, удивляя друзей, привыкших только к стандартному вареному варианту кукурузы.

Еще интересный напиток, который обязательно нужно попробовать -сок из сахарного тростника. Вдоль дорог стоят странные механизмы, напоминающие мне какие-то станки, на которых меня заставляли работать в школе на уроках труда. Рядом с этим странным механизмом, в котором явно видны элементы кузнечного преса, ткацкого станка, паровой машины и электродрели, лежат охапки веток сахарного тростника. И сложно поверить, что из этих крепких стеблей можно выжать сок. Но мальчик - оператор этого чудного механизма включает его и живо засовывает под шестеренки преса палку тростника и подкидывает туда пару лаймов.

В итоге тростник превращается в размочаленную тряпку, а вам протягивают два стаканчика грязно-зеленой жидкости. Обалденно вкусной, сладкой и необычной! В большинстве случаев туристу предложат сок сахарного тростника в одноразовом стаканчике и это радует. Но уже после пару недель в Гоа не брезгуешь пить и из обычного дежурного стеклянного стакана. В среднем в день одна машина делает около 500 стаканов сока! Даже при стоимости 10 рупий за стакан, набегает приличная сумма. Продавец получает третью часть от заработка, остальное идет хозяину машины. При наличии нескольких таких машин вдоль дороги - вполне серьезный бизнес для хозяина и неплохой заработок для продавца.

И несколько рекомендуемых мною заведений в северном Гоа. Очень вкусные чикен тандури масала и наан, а так же супчики на дороге между Сиолимом и Чопорой в деревеньке Вэди в ресторанчике «Mama*s conor» - «уголок у Мамочки». Интересная подача блюд в ресторане «Chill out» в Вагаторе рядом с «9 bar». Горячие блюда подают в огромных листах капусты на сковородке. Тут же в 50 метрах известный тибетский ресторанчик с самобытной тибетской едой - особенно известны местные момо. Что такое момо? Не расскажу - будите в Вагаторе - попробуете сами :)

Приезжайте в Гоа и кушайте на здоровье!

Сансеты в Гоа

К вечеру Солнце освещает все желтоватым цветом, подготавливающим внимание к началу своего театрального действа – сансета (sunset). Через какое-то мгновенье океан приобретает цвет жидкого золота, покрытого бронзой с сочным металлическим оттенком. Этот цвет завораживает и пленит взгляд. Говорят, что без перерыва можно смотреть на текущую воду и огонь. Так вот – еще можно смотреть без перерыва на цвет океана за полчаса до сансета.

Огненный шар алого цвета погружается в это жидкое золото, которое с прикосновением шара мгновенно исчезает с океанской поверхности. И с этого момента уже все внимание притягивает Солнце – великое и вечное. Океан ближе к берегу начинает темнеть, переходя в оттенки красного к горизонту. кокосовые пальмы замерли и склонились в поклоне уважения уходящему Солнцу.

Коровы сбиваются в кучки. В своей обычной мудрой меланхоличности, не моргая следят за огненным светом. Собаки взбираются на вершины прибрежных скал и, усевшись поудобнее, устремляют мысли и взгляд к горизонту. Люди обнимаются и держатся за руки. На фоне звуков транса, стоят по щиколотку в океане, впитывая свет и благодаря Солнце за прошедший день.

Огромный шар обнимает теплом и дает надежду на грядущее. Последние мгновения и Солнце ныряет в океан. Чтобы вынырнуть где-то на другом конце Земли и греть своим теплом других.

Гоанские животные

«Величие и моральный прогресс нации можно измерить тем, как эта нация относится к животным».

Махатма Ганди

Поклонение животным в Индии идет из индуизма, проповедующего культ ненасилия ко всему живому. На животных ездят индуистские боги, поэтому убить животное – все равно, что бросить вызов богу. А согласно представлениям о реинкарнации, в животное часто переселяется душа умершего человека и никто не даст гарантию, что в иной жизни твоя душа не переселиться в змею, обезьяну или собаку. Зачем же тогда убивать и обижать животных, если не хочешь и себе такой участи в дальнейшем?

Корова так та вообще ассоциируется с образом Матери, дающей через молоко Жизнь всему живому. Коровы в понимании индуса находятся где-то посередине между домашним животным и святынею – они полноправные члены индийского общества. Корову никогда не прогоняют пинками - могут махать руками или толкать в нужном направлении, но не бьют. Корова, в своих мыслях и одной ей понятной траектории пути, может зайти в дорогой ресторан. В этом случае хозяин вынесет ей что-нибудь вкусненькое и будет уважительно вести гостью за собой к выходу. Индийские коровы как наши кошки - гуляют сами по себе. Они спокойно разгуливают по проезжим улицам, нарушая заведомо хаотичное движение транспорта.

Иногда коровы, чтобы не мешать движению на оживленных городских улицах-проспектах, собираются на островках безопасности, у клумб и столбов посреди дороги. Если корове вздумается прилечь на шоссе – что ж, она приляжет и весь поток будет вынужден объезжать это место, пока животное само не решит встать и уйти. Я читал случай о водителе, насмерть сбившем корову. Он не сбежал, а сел на бордюр и залился слезами, а приехавшая полиция (санкция за убийство коровы доходит до 15 лет тюрьмы) совсем не торопилась с наручниками, терпеливо утешала бедолагу и приводила его в чувство. Ведь по местным представлениям такой наезд испортил водителю несколько последующих жизней и его карма полностью разрушилась.

Днем многие коровы бродят по пляжам и жуют все, что плохо лежит – ананас, банановую кожуру или газету. Однажды я заснул на пляже и проснулся от того, что мои волосы начала жевать абсолютно спокойная коровка. Перед этим уже успев полакомиться книгой, оставленной соседом на своем шезлонге. Бывает, что коровы бродят по пляжу стадом до десятка штук. Бывают и выяснения отношений между бычками. Разъяренные дерущиеся быки, сметающие на своем пути курортных зевак - зрелище малоприятное. Кстати, коровы в Индии не мычат! Они рычат словно тигры! Наша русская коровка, хлопая ресницами и звеня колокольчиком, произносит ласковое протяжное «Му-у-у-у». Индийская же, внимательно посмотрев в глаза, неожиданно изрыгнет из чрева отрывистое «Ры!!!». После захода солнца коровы размеренно возвращаются домой – кто во двор к хозяевам, а кто к любимому дереву. Так и спят они группками под раскидистой кроной баньяна или на обочине дороги, уткнувшись носами друг в друга. Меланхолично глядят они в темноту добрыми и умными глазами, лишь изредка провожая взглядом ночных байкеров.

Не меньше коров интересны индийские собаки. Они все какой-то исключительной местной породы, в большинстве своем рыжеватые с удлиненными мордами и выразительными глазами. Они воплощают в себе мудрость и неспешность, внимательно следят за окружающим миром и явно знают какую-то тайну. Они здесь вполне самостоятельны в выборе решений и существуют с хозяином почти на равных. Они сами выбирают себе интересного им человека. Они могут пристроиться к вам на пляже и идти в метре за вами какое-то время пока не надоест. Они не попрошайничают, а радостно бегают вокруг вас, разглядывая и заглядывая в глаза, словно что-то слышат на уровне мыслей. Могут позвать своих друзей, и тогда уже стайка собак семенит за вами и нарезает вокруг круги. И не важно, что собака не говорит по-человечески – в Индии достаточно общаться мыслями. Если вы понравитесь собачке, она подойдет и положит свою голову вам на коленки, будто давнему другу. Постоит так, вздохнет, посмотрит вам в глаза и пойдет дальше. Собаки часто в зной лежат в полном отрешении на привратных столбах у входа в виллы и гостиницы. Словно охраняют дом от злых духов. Как они забираются на двухметровую высоту столбов - одна из индийских загадок. Но самое потрясающее – это ежедневные проводы собаками Солнца. Выходят они на берег океана, устраиваются поудобнее на возвышенностях под пальмами. Либо забираются на камни и устремляют свой взор к горизонту и огромному солнечному диску. С абсолютно живыми и разумными глазами молчаливо следят они за игрой 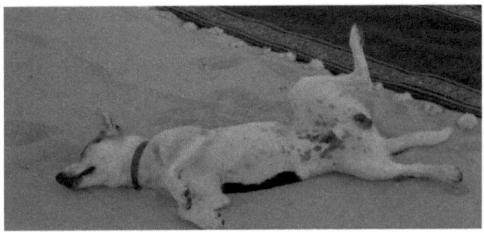 света и океана. В такие минуты нет сомнений, что эти собаки в прошлой жизни были людьми и любили сансеты. Как только солнечный диск исчезает в океане, они вздыхают, тихонько встают и уходят спать.

Намного реже, чем собаки в Индии встречаются кошки. Кошки, так же как коровы и собаки, имеют продолговатые морды и такой же размеренно-меланхоличный характер. Они даже мяукают как маленькие коровы - так же отрывисто рычат. Никаких мурлыканий или нежного «мяу-мяу».

Других животных в населенных туристами районах Гоа еще меньше. Хотя по утрам через дорогу перебегают обезьянки (несколько раз видел их раздавленных на дороге) и бурундуки. Однажды к нам в ванную комнату залезла желтая лягушка с присосками на лапках. Посидела ночь на кафеле и спокойно ушла утром. Тут действует правило - не обращать внимания на асекомых-земноводных в квартире и они не будут обращать внимания на тебя и сами уйдут. Что касается змей – то здесь главное не бояться встречи с ними и не желать ее – тогда и встреча сведется к нулю. Да и змеям нет резона ползать по дорогам и улицам городов и деревень. Если вы пойдете гулять в джунгли или залезете ночью в канаву или заброшенный тростниковый дом – то сами и виноваты. А так за 5 недель пребывания в Индии я видел змей лишь дважды. Хотя в день отъезда хозяева

наших апартаментов признались, что за домом, оказывается, живет большой питон. И при этом радостно размахивали руками, показывая его размеры и успокаивая: «Он не страшный, здесь же джунгли - его дом». В этом все индийцы: единение с природой и ее уважение – одна из черт их менталитета.

Наракасуры. Демоны огня

Пожалуй, самый известный из индуистских праздников, который могут посмотреть туристы в Гоа - это праздник Дивали. С Дивали связано множество разных традиций и действий. Все праздники индусы любят отмечать шумно с огнем, грохотанием, петардами, фейерверками, музыкой. Дивали - это пик индуистской огненно-шумовой праздничности, не зря этот праздник часто называют «Фестиваль Огней».

Одно из самых интереснейших действий, связанных с этим днем – празднование убийства сеявшего хаос демона Наракасуры. История рождения Наракосура, как многое в индуистских мифах слегка запутанна и волшебна. Его мать была сама Земля, а вот с отцом сложнее. По одним данным отцом был сам Великий Бог Брахма. По другим данным сложнее – Наракосур родился от искры, возникшей от столкновения рогов злого демона Хираньякша в момент, когда тот хотел Мать Землю! Мать по каким-то мотивам решила защитить заранее своего странного сына от гибели и уговорила бога Вишну дать мальчику всесильное оружие Нараянастра. Это оружие представляло собой миллионы метательных снарядов, приводимых в действие одновременно. Интересно, что количество снарядов и их мощь возрастала пропорционально

оказываемому им сопротивлению. Единственный способ спастись от этой астры заключается в том, чтобы полностью предаться и отказаться от любого сопротивления. Вот таким оружием стал обладать Наракосур. Но Мать его пошла еще дальше – она попросила верховного бога Брахму (возможного отца Наракосура), о том, что убит демон будет лишь своей матерью. Короче, полностью обезопасила своего сына!

Наракосур повзрослел и почувствовал свою силу и безнаказанность. Он стал развлекаться тем, что стал крушить города, убивать и воровать людей, рушить горы. Его стали называть «Адский демон». Наракосур стал терроризировать всю вселенную. Дошел в своем бесчинстве до богов – украл балдахин с трона бога Варуны, сорвал серьги с матери полубогов Адити. И самое обидное, что полубоги ничего не могли с ним сделать. В итоге бог Индра пошел к Кришне и попросил снять с Наракосура заклятие о неуязвимости и убить его. Но и Наракосур поднял руку на своего небесного отца Кришну и пытался убить его. В конце концов, с помощью колдовства и чудо-орудий Брахма уничтожил Наракосура.

И вот отмечая это событие, индусы ежегодно символически повторяют смерть Наракосура. Этим символизируется начало новой доброй жизни и полное отречение от всего зла, которое осталось в прошлом. Поэтому Дивали так же считают индуистским Новым годом.

За несколько дней до Дивали индусы возводят на улицах своих городов и деревенек огромные фигуры демона Наракосура. Делают их из легко воспламеняющихся материалов – бумаги, папье-маше, картона, пенопласта.

Раскрашивают и на лицо одевают огромные злые маски демона. Фигуры делают чаще общины – прихожане храма, школы, муниципальные союзы. Богатые индусы могут за свои деньги сделать демона и возле дома. А на рынке в Панаджи в канун праздника продаются маски Наракосура из папье-маше различных расцветок и размеров. Маленькая на стандартное человеческое лицо стоит 60 рупий, а самые огромные по 2 метра высотой – до 800 рупий! Эти маски будут одеты на всех Наракосуров в округе и потом сожжены!

В ночь праздника Дивали наступает общая эйфория и предвкушение убийства гадкого демона! Как только стемнеет, вокруг огромных фигур Наракосуров начинают собираться местные индусы – и молодежь, и старики. Включают громко музыку и отрывно танцуют, вовлекая в круг всех проходящих мимо людей! Наракосуров сажают в грузовые машины и свозят в одно место – площадь или удобный пустырь в центре поселка. За такой машиной с демоном несется толпа подростков на скутерах, сумасшедшее сигналя и радостно крича! Примерно в 2-3 часа ночи начинается действо – сожжение и уничтожение фигур Наракосура! Демона поджигают, бьют палками, топчут, разрывают. Вообщем, полный НаркоСюр!!! К утру все стихает и лишь остатки Наракосуров, разбросанные по улицам деревень напоминают об убийстве злого демона.

В праздник Дивали индусы не только жгут Нракасюров, но и рисуют на земле ранголи! Ранголи - это традиционный индийский рисунок, высыпанный перед входом в дом на чисто подметенном и утрамбованном участке земли. Ранголи так и переводиться - «высыпание». Это ежедневный радостный ритуал жизни индийской семьи. Особо красивые ранголи появляются стараниями женской половины дома в канун праздников или перед приходом гостей.

Порошок часто делают из разноцветной рисовой муки, мраморной крошки, песка. А хозяйки соревнуются, у кого красивее получится рисунок.

Пляжи и деревеньки Гоа

Гоа - это не Турция и Египет, где отдых зависит от комфорта отеля. Здесь 50% Вашего отдыха зависит от правильного выбора географического места, от выбора деревни-курорта!

Вкратце о пляжах:

Арамболь — бюджетный тихий отдых в компании нео-хиппи, йога. Гест-хаусы.

Мандрем — семейный отдых с детьми, йога. Широкий пляж. Виллы, гест-хаусы, бунгало.

Ашвем — спокойный VIP отдых. Широкий пляж. Виллы, гест-хаусы, бунгало.

Морджим — спокойный VIP отдых. Широкий пляж. Виллы, гест-хаусы, бунгало.

Вагатор – среднее между пляжным отдыхом и тусовкой. Виллы, гест-хаусы.

Анджуна — тусовки, вечеринки. Виллы, гест-хаусы.

Бага — рестораны и шопинг. Отели.

Калангут — рестораны и шопинг. Отели

Кандолим — рестораны и шопинг. Отели.

Уторда-Мажорда — VIP пляжный отдых. Отели.

Колва-Бенаулим — VIP пляжный отдых. Отели.

Кавелоссим-Варка — VIP пляжный отдых. Отели. Бунгало.

Кола-Агодна-Палолем — йога, романтика, бюджет. Бунгало. Гест-хаусы.

Помните – успех отдыха в Гоа зависит не столько от качества и сервиса самого отеля, сколько от правильно выбранного географического места. Например, если в районе Кандолима поселиться молодежь, которым хочется потусить на пляжах Анджуны на транс-тусовках, из этого ничего хорошего не выйдет. Также как семейной паре с маленькими детьми будет очень неуютно на переполненных пляжах курорта Бага или Кандолим с ее кучей диско клубов. Так что делать выбор места отдыха только исходя из комфорта отеля - это для Гоа не всегда верное решение.

Территория штата Гоа очень небольшая – всего 105 км с севера на юг. Столицей штата – городом Панаджи эта территория делится на Юг и Север. Основа пляжей Гоа – небольшие приморские деревеньки. Когда-то они были бедными рыбацкими поселками, а сейчас это развитые курортные районы. Деревни Гоа находятся друг от друга на расстоянии 3 – 10 км, и часто плавно перетекают друг в друга, часто гранича пляжами. Пляжи в Гоа все общего пользования и бесплатные. На пляжах обычно стоят лежаки, принадлежащие ресторанчику напротив. За пользование лежаками плату берут очень редко (обычно лишь на курортах Бага или Кандолим). Считается, что заказав в ресторанчике что-либо поесть или выпить, вы тем самым можете свободно пользоваться лежаком. Часто на заказ где-нибудь в Вагаторе хватает и бутылки пива. А вот в дорогой Баге вам придется заказать полноценный обед, чтобы бесплатно позагорать на лежаке.

Принято считать, что Север Гоа – это более тусовочный и молодежный, часто бюджетный отдых, а Юг Гоа – элитный и спокойный пляжный отдых. Это не совсем так. И на Юге, и на Севере есть экономичные и элитные объекты размещения. Разница лишь в окружающей атмосфере и в том, что находится за забором отеля.

Север Гоа разделяется на несколько зон-пляжей. Бага, Калангут, Кандолим – это широкие пляжи с огромным количеством отелей. Большинство отелей 3 звезды, но немало и 4-5 звездных отелей. Три этих курорта практически граничат друг с другом. Сюда едут за отельным отдыхом. Здесь живет большинство туристов, прилетевших в Гоа по турпакету – перелет + отель с завтраком. Помимо русских, много туристов из Англии и Германии, местных туристов из центральных районов Индии. Развитие туризма в Гоа начиналось с этих пляжей. Поэтому и инфраструктура здесь больше развита – множество магазинов, ресторанов, дискотек. Соответственно и цены подороже, чем в других местах Севера Гоа. На пляжах шумно и не скучно. По духу напоминает крымскую Евпаторию и российскую Анапу.

Если в вашей жизни присутствует желание адреналина и драйва, то вам надо забраться посевернее. Анджуна, Вагатор – вот магические слова для вас… Это пляжи и деревеньки, где еще прячется дух свободного Гоа…

Анджуна известна своими многотысячными open-air в прошлом, которые

проходили на пляжах. Здесь зарождалось гоа-транс движение, здесь его главное пристанище и ныне. По средам проходит знаменитый флимаркет – огромный рынок сувениров, одежды, хэнд-мэйда. На пляже милые священные коровы соседствуют с позитивными людьми. Наиболее известны в Анджуне - бар «Curlies», в котором постоянно звучит транс, а вечерами часты вечеринки под управлением серьезных ди-джеев.

Бар «Shiva Valley» с транс-вечеринками прямо на пляже и бар «Hippies», где часто звучит зажигательное регги. На пляже Анджуны в море часто встречаются острые вулканические скалы, создающие дискомфорт для купания в отлив. Поэтому на пляже Анджуны нужно купаться аккуратно. Ресторанчики на пляже многочисленны и самобытны. Туристы живут в гест-хаусах, отелях и виллах в 1-2 километрах от пляжа. Хотя есть несколько гест-хаусов, расположенных почти на самом берегу.

Соседний Вагатор не сильно отличается дневной пляжной жизнью от Анджуны. Зато отличается природой. Здесь на побережье во всей красе остатки геологической деятельности – базальты, лавы и туфы древних вулканов посреди чистейшего песка. Скалы расположены на пляже Малый Вагатор, но купанию они не препятствуют. Зрелище очень красивое. «Камни Вагатора» – понятие сродное «снегам Килиманджаро». Про камни Вагатора поймут лишь те, кто здесь был и бродил по ним во время отлива, кто смотрел в лицо каменного Шивы, вырезанное резцом старого хиппи, кто собирал ракушки каури на пляже и провожал Солнце под пальмой. На Малом Вагаторе много уютных ресторанчиков. Пляж Большой Вагатор лишен пляжных ресторанчиков и лежаков – здесь широкая полоса отлива и чистый песок.

Океанский сансет на Вагаторе – одно из самых сильных впечатлений в жизни, которое может испытать чувствующий энергию мира человек. Часто sunset на Вагаторе провожают с вершины горы Чапора, где расположены руины одноименного древнего португальского форта. На Вагаторе есть отели и гест-хаусы разного уровня комфорта и многие из них расположены на первой линии моря. Вагатор находится в центре северогоанской жизни – здесь рядом и тусовки, и вечеринки, и супермаркеты и знаменитый джус-центр и много чего

еще. На Вагаторе расположены известные клубы – грандиозный Hilltop, где

часто проходят живые концерты транс-музыки и 9 bar – один из первых клубов Гоа. Цены на курортную жизнь здесь ниже, чем в соседних деревнях-пляжах. Жизнь в Вагаторе идеально подходит для активной молодежи.

За Вагатором, через реку Чапора – идущие друг за другом пляжи Морджим, Ашвем, Мандрем,. Морджим - это уже почти русская деревенька. Здесь практически нет других иностранцев, кроме русских. Широкий пляж, пальмы в отдалении, на берегу много ресторанчиков – почти все с русским меню. Песок на пляже серый из-за близкого впадения в море реки Чапоры. В Морджиме много дорогих вил ли отелей, цены на рестораны здесь самые высокие в северном Гоа. Морджим выбирают те, кто хочет отдыхать в окружении русской речи и своих соотечественников в спокойной умиротворенной обстановке. Подходит и любителям комфорта, и семьям с детьми. Здесь много йога-центров и аюрведических салонов. Здесь оседает много русских курортников и уже самим этим отталкивает настоящего путешественника. Но притягивает отдыхающих-купальщиков.

Севернее Морджима расположены пляжи Ашвем и Мандрем. Широкая прибрежная зона, отделенная от ресторанчиков и отелей небольшой речкой – лично для меня – лучший пляж на севере Гоа. Здесь относительно спокойно, красиво и душевно. Деревеньки Мандрем и Ашвем почти слились в единое целое. Пляж здесь – один из самых лучших в Гоа. Широкий, чистый, с белоснежным песком, на котором во время отлива можно увидеть морских звезд. От полосы прибоя деревушки отделены речкой, текущей параллельно морю. Через речку перекинуты мосты. Здесь тоже много русских, но они боле спокойные, чем в Морджиме. Публика напоминает крымский богемный Коктебель начала 20 века. Кроме отелей и  вилл, здесь широкий ассортимент бунгало почти на самом пляже. Есть и экономичные бунгало, но все же большинство – бунгало с комфортом. Цены дешевле, чем в Морджиме, но подороже, чем в Вагаторе. Торговцев не много, коров на пляже почти нет. Мандрем и Ашвем очень подходят для отдыха семей с детьми – мелкие пляжи, теплая вода, чистое море.

Самый северный пляж Гоа - пляж Арамболь. Как и соседний Мандрем-Ашвем, Арамболь - шикарный пляж с белым песком, гигантскими пальмами и эвкалиптами. Деревенька очень уютная и похожа на крымский Коктебель. Через деревню ведет к морю одна улочка с лавками, магазинчиками и барчиками-шэками ведет к морю. Здесь пристанище современных хиппарей и неформалов, здесь фрики – хозяева пляжа. Здесь вполне легально можно попробовать в кафе «волшебное пирожное», а вечером отчаянно потанцевать под барабанный стук драм-пати на закате Солнца.

Кроме русских Арамболь облюбовали молодые израильтяне и итальянцы. Здесь много творческих людей, постоянно на пляже устраиваются вечеринки с гитарами и барабанами, в ресторанчиках слышна живая музыка. В Арамболе много гостевых домов, расположенных на первой линии пляжа.

А если пройти еще севернее – то найдете уединенный пляж с красивым пресным озером и речку, вытекающую из джунглей. Здесь можно жить в почти полном удалении от цивилизации, снять тростниковое бунгало и наслаждаться солнцем и мыслями. Недалеко от «Sweet Lake» находиться знаменитое священное дерево – старый баньян. Идти к нему минут 10 по тропинке в настоящих джунглях. Ощущаешь звук и запах джунглей – ощущение непохожее ни на что. Главное смотреть под ноги. Когда мне стало страшно и начали мерещиться змеи, я просто сказал джунглям довольно громко и смело: «Мы с тобой одной крови – ты и я». И джунгли пропустили. Тропинка приводит к огромному дереву, вокруг которого на циновках сидит компания живущих здесь «олдовых хиппи» и приходящих к ним за советом мудрости паломников. Во главе – некий Учитель–Баба, пожилой европеец в очках, что-то рассказывающий ученикам и периодически затягивающий чилом. Говорят, что хиппи облюбовали этот баньян еще лет 20 назад и с тех пор живут здесь коммуной в гармонии с мыслями и джунглями. Ну и почти каждый вам расскажет о том, что под этим деревом когда-то сидели легендарные Beatles. Хотя факт этот исторически не подтвержден. Да и надо ли в Гоа что-то подтверждать? ☺

Пляжи юга Гоа не так сильно отличаются друг от друга, как пляжи севера. В отличие от севера Гоа, на юге как раз можно особо не ориентироваться на местность и конкретную деревню – здесь больше ориентируются на комфортность отеля. Весь юг Гоа идеально подходит для семейных состоятельных пар, предпочитающих тихий отдых.

Пляжи Варка, Кавелосим, Уторда, Мажорда, Колва.

Эти пляжи престижны и респектабельны. Здесь располагаются наиболее комфортабельные отели Индии. Много отелей уровня 4-5 звезд. Это длинная, чистая, достаточно пустынная полоса белоснежного песка. Инфраструктура развита, но все находится на более значительных расстояниях друг от друга, чем на Севере. Любителям общения и тусовки здесь будет скучно. В ресторанчиках музыка играет не громко, пляжных торговцев и коров меньше, чем на севере.

Пляжи Кола, Агонда, Палолем.

Эти три пляжа часто сравнивают с райскими островами. Они похожи на «то самое место из рекламы Баунти» Кола - место где река впадает в океан, образуя голубую лагуну, окруженную скалами. Агонда - трехкилометровая полоса белоснежного песка, с небольшим количеством очень комфортных бунгал, некоторые из которых по классу не уступают отелям 3-4 звезды. Палолем - залив в форме полумесяца, окаймленный рощами кокосовых пальм. Эти пляжи рекомендуем для молодоженов, любителей уединения и романтики, занятия йогой.

Гимн индийскому скутеру!

По Гоа путешествуют тремя основными способами: на скутере, на такси и на автобусе.

Большинство туристов рано или поздно садятся на скутер. Скутер – основа дорожного туристского движения в Гоа. Скутер - это свобода. Свобода передвижения. Свобода выбора. Как когда-то донские казаки были одним целым со своим конем, так и гоанский турист срастается со своим скутером. Без скутера полноценный отдых в Гоа не возможен. Ни на одном курорте мира нет такого влияния скутера на туриста и туриста на скутер, как в Гоа. Скутер – это такая же часть отдыха и жизни в Гоа, как фруктовые соки, лепешка чиз гарлик наан, курица-тандури и сансет. На скутере чувствуешь, как теплый ветер развивает волосы и ласкает лицо. Щекочет запахами и звуками, меняющимися каждые десять метров. Арендовать скутер легко – в Гоа абсолютно все местные и живущие тут больше недели туристы, помогут взять напрокат мопед или мотоцикл. Цена за сутки примерно 5 долларов, если берете на месяц и больше, то и цена становиться дешевле. Ну а в пик новогодних праздников цены на байк вблизи пятизвездочных отелей могут вырастать до 40 долларов за день.

Дороги здесь очень узкие и на автомобиле проехать очень сложно. Прибавить к этому левостороннее движение и абсолютно полное несоблюдение элементарных правил поведения на дороге. И еще все постоянно пользуются сигналами. Бибикание – это такой национальный индийский вид развлечения и общения на дороге. Сигналом предупреждают при подъезде к повороту, при обгоне, в знак благодарности, просто здороваются. Сигналят все, всегда и громко. И при всем надо понимать, что на твой сигнал никто особо внимания не обратит. Пешеход не сдвинется с места, байк дорогу не уступит, а корова с дороги не уйдет. На индийской дороге все движение происходит по инерции и по непредсказуемому желанию.

Крик «Йо-хооооо» на пустой трассе, когда тебя слышат лишь пальмы, буйволы на обочине и корова посреди шоссе. Тысячи запахов и вкусов, впечатлений и необычностей загадочной страны дает только байк. И никакое такси или автобус этого не подарят. Это наслаждение чувствовать себя свободным гостем в стране запахов!

Рынки в Гоа

Рынки в восточных странах всегда интересны. Рынки в Индии - одни из самых ярких в мире. А рынки в Гоа заслуживают особого внимания. Сюда, в самый туристический и денежный штат съезжаются торговцы со всей страны - от Непала до Шри-Ланки.

В Гоа есть три самых известных рынка – в Анджуне, Арпоре и Мапсе.

Рынок проходит каждую среду днем в Анджуне и ночью в субботу в Арпоре. Здесь можно купить все, что подходит под понятие сувениров. Изучая индийские и тибетские чудеса ручной работы, глаза разбегаются, а пальцы ежеминутно залазят в кошелек, но мозг при этом задает трезвый вопрос: «А зачем тебе все это в твоей жизни в твоем городе?». Ночной рынок – это целое явление. Это не просто рынок, где можно купить одежду и сувениры. Здесь, на сцене посреди рынка, выступают рок-музыканты и артисты, а на другом конце рынка играют гоа-транс ди-джеи. Здесь много хороших качественных и недешевых товаров из Европы, Тибета, Бали. Почти половина продавцов – европейцы и торговаться с ними почти нереально. Целый сектор рынка – это произведения хэнд-мэйд местных гоанских хиппи.

Дневной же рынок в Анджуне наиболее подходит для классического шоппинга – тут тебя никто не отвлекает от покупок, набор сувениров (одежда, украшения, чаи, специи, барабаны и т.д.) одинаков, все хорошо торгуются, а после рынка сразу в минуте ходьбы можно попасть на пляж Анджуна-бич. Рынок в Анджуне проходит каждую среду с раннего утра и до темноты. На сувенирных рынках можно найти настоящие уникальные произведения местного искусства. Но в большинстве своем это туристский ширпотреб - одежда, полотна, ювелирка, барабаны (как же без них! :)), музыка (торговцы называют ее «гоа-транс», хотя она часто других направлений). В Анджуне очень интересна продукция непальцев - оригинальные вещи, украшения, поддельный антиквариат.

Но сувенирные рынки Гоа - это для туристов. Если хотите увидеть жизнь народа изнутри, езжайте на рынок в Мапсу. Он не только полезен (здесь можно купить самые дешевые овощи, морепродукты, фрукты, одежду и даже говядину и козлятину), но и весьма колоритен.

Кудряшка Эдвин. Может ли рыбак стать миллионером?

В конце 1980-х годов деревенька Анджуна, что на севере индийского штата Гоа, была небольшим тихим рыбацким поселком. Местные рыбаки ежедневно по утрам выходили в море, как делали их отцы и деды. Женщины воспитывали детей, собирали хворост и сухую кожуру кокосового ореха для растопки очага. На почти лишенных почвы красных каменистых склонах чудом устраивали небольшие огородики. И лишь зимой, когда жара спадала до 30 градусов и небо освобождалось от осенних дождевых туч, деревенька оживала.

Ее облюбовали странные белые люди, приплывающие сюда из Европы – хиппи. Индийцы еще хорошо помнили европейцев-португальцев и борьбу за независимость. Тогда все белые европейцы ассоциировались у местных рыбаков с угнетателями. Эти же, новые белые люди, вели себя необычно мирно и тихо. Селились группами в шалашах-бунгало на берегу океана, по вечерам играли на гитарах и барабанах у моря, танцевали до утра на пляжах под свою музыку. Ходили с длинными волосами, в ярких непривычных одеждах и курили гашиш. Они улыбались местным, узнавали про их жизнь и обычаи и хоть вели себя очень странно, никому особо не мешали.

Очень быстро местное население поняло выгоду от таких соседей. Им как минимум нужно было что-то есть и пить после обессиливающих ночных пати. Когда солнце выскакивало из-за холма Анджуны и озаряло своим светом море, под затухающие звуки ночного транса на пляже появлялся черноволосый кучерявый паренек. Он шустро разносил жаждущим подпитки энергией хиппярям горячие самосы и холодную воду. За что получал мелкие рупии и благодарность своих новых друзей. Мальчишку приметили давно и ждали каждое утро. Его белозубая улыбка еще больше подчеркивала черно-маслянистые кучерявые волосы. «О, вон бежит наш кудряшка», - указывая на пригорок, приговаривали голодные хиппи. Так и стало нарицательным на всю жизнь для мальчишки его прозвище «Кудряшка», по-английски «Curlies». Мало кто знал тогда, что «Кудряшку» зовут Эдвин Нунес. И никто не мог знать тогда, что Эдвин «Кудряшка» организует на этом пляже один из самых известных трансовых клубов в мире – легендарный «Curlie's».

«Мне было тринадцать лет, когда я пошел работать мойщиком посуды в одно небольшое кафе и постепенно стал официантом. Там я проработал шесть лет и понял, что хочу начать свой собственный бизнес», - вспоминает мистер

Нунес. В 1999 году 19-ти летний Эдвин вместе с мамой открыл небольшое кафе на 4 столика на пляже Анджуны. «Мы росли постепенно. Каждую ночь я выходил в море ловить рыбу, которую готовили клиентам. Я много работал и однажды проснулся знаменитым», - смеется Эдвин.

В то время открывалось много первых гоанских прибрежных кафе-шеков. Все предлагали примерно один набор блюд и с закатом закрывались. Эдвин понял, что нужна фишка заведения. И он стал включать в своем шеке погромче звуки транса, благо сам полюбил эту музыку и стал в ней разбираться. Организовал пляжные вечеринки, которые на основе своего ресторанчика проводил до рассвета. Рецепт успеха оказался прост – дать людям то, что они хотят. Хиппи и первые туристы хотели пати у океана до утра. Эдвин им все это дал и стал стремительно обходить соседние шеки по популярности. Приглашал поиграть в своем ресторанчике друзей-диджеев. Кого-то угощал ужином, кого-то ромом, кого-то джойнтом. Деньги никто не брал, все играли в свой кайф и по дружбе Эдвина. До сих пор в «Curlie's» ди-джеями принято играть бесплатно. Для любого трансового ди-джея в мире игра в этом индийском клубе престижна и желанна.

Бывший гоанский рыбак Эдвин не оканчивал факультеты экономики в университетах. Сама жизнь подсказала ему, как вести удачный бизнес. Туристы не только хотят кушать в ресторане и тусить на пати. Они хотят где-то еще и поспать. Выкупив кусок джунглей и часть скалы за клубом, Эдвин построил гест-хаус на 30 человек. В гест-хаус у знаменитого клуба селятся любители пати и шумных тусовок.

Для туристов побогаче на самом анджунском пляже прямо в скале Эдвин построил виллу элит-класса на 6 персон. Внутренние стены виллы – это естественная скала, своими уступами дико входящая на треть комнаты. На утесах скалы устроены чилл-аут зоны, а в отдельном дворе растут кокосовые пальмы. Стоит такая вилла вполне разумно – 300 долларов в сутки. Сейчас у Эдвина задача «развивать свой собственный маленький курорт». Для продвижения своего дела он решил попробовать свои силы на выборах в местный совет. И победил конкурентов.

Сейчас 32-летний индиец Эдвин Нунес – удачный гоанский бизнесмен и политик нового поколения, на прошлых выборах был избран главой поселка Анджуна. Он и мыслит иначе, чем большинство старых политиков-индийцев. Так, в 2010 году был введен закон о запрете вечеринок после 22.00. Мол, это мешает спать местным жителям.

Эдвин считает иначе: «Раньше пати могли идти до трех дней без остановки, сейчас же они начинаются в шесть вечера и заканчиваются уже в десять. Этого недостаточно. Мы должны подстраиваться под запросы туристов. Они хотят пати и едут сюда за этим. Сейчас уже готовится пересмотр этого глупого закона. Возможно, вскоре пати снова разрешат. У нас самая большая проблема, это даже не запрет на вечеринки. Самая большая проблема Гоа – это мусор. Мусор отпугивает часть туристов и проблемы мусора нужно и можно решить. Когда я был головой Анджуны, я плотно занимался еще и проблемами дорог, водообеспечения, вопросами размыва пляжа и укрепления берега».

Глаза у мистера Эдвина Нунес блестят огоньком человека, двигающегося вперед. Видно, что он занимается любимым делом, окружен веселыми друзьями и заботливой семьей. Уже как два года сердце одного из самых богатых женихов Гоа занято (поговаривают, что Эдвин в свои 32 года уже долларовый миллионер). Год назад жена родила ему дочку. А познакомились они с будущей супругой, естественно, на одном из пати в «Curlie's». Жена сюда приехала по турпутевке, пошла на вечеринку, случайно познакомилась с Эдвином, влюбилась и вышла замуж, переехав к мужу в Гоа. А жену Эдвина Нунес «Кудряшки» зовут просто - Женя. И родом она из российского города Киров…

ЭКСКУРСИИ

Экскурсии в Гоа. Водопад и плантация специй.

Для тех, кто впервые приехал в Гоа, настоятельно рекомендуем посетить самую популярную экскурсию на курорте – «Весь Гоа за один день». Купить такую поездку можно в любой турфирме. Разница только в цене. Отбросьте

предубеждения, что все экскурсионные объекты нужно смотреть самостоятельно. В Гоа это и неудобно и затратно по времени. Положитесь на профессионалов – местных русскоязычных гидов.

Водопад Дудсахгар и плантация специй – основные гоанские экскурсионные объекты. На водопад едут от небольшой деревеньки, где останавливаются экскурсионные автобусы. Туристы пересаживаются на 6-ти местные джипы и девять километров трясутся по дороге среди джунглей. В сезон на извозе работает сотня джипов, каждый из которых может совершить лишь одну поездку. Водители – все местные жители и это их единственный бизнес. Здесь действует система некоторого водительского кооператива, со своей очередью, своими правилами и особенностями.

Сразу за деревенькой дорогу пересекает глубокая речка, которая отсекает всякое желание авантюристов, мечтающих проехать к водопаду на своем скутере, отказавшись от услуг джип-извозчиков. Дорога минует пост лесной стражи и входит в границы национального парка Bhagwan Mahaveer. Джип трясет на дороге, подбрасывает на камнях и забивает салон красной марсианской пылью. Зима в пыльных сухих джунглях напоминает предгорья Крымских гор в августе. Джунгли по дороге к водопаду красно-желтые от пыли, земля покрыта сухими листьями фикусов, из которых торчат замысловатые башенки термитников. Через пол часа трясучки и однообразия вида, местность меняется и дорога переходит в каменистую тропку. Дальше – только пешком.

Протоптанная тропинка ведет через несколько оврагов, огибает старые плоскоствольные деревья и выводит на каменистое дно речки. Впереди виднеется цель – громадина водопада, двумя уступами срывающаяся со скал. Водопад не зря получил имя Дудсахгар, что означает с конкани «молочный океан». Воды, действительно, в падающем потоке не видно. Как будто сплошная пена или теплое молоко огромным тягучим потоком стекает со скал. Какова высота водопада – сказать сложно и официально еще не подсчитано. Называют его примерную высоту в 600 метров и точно знают,

что он - второй по величине в Индии. Водопад ниспадает в большое и чистое проточное озеро, где туристы с радостью купаются. Некоторые забывают, что водопад – это непокорная и разрушительная стихия, переоценивают свои возможности и отдают свою жизнь в жертву богам воды. На скале у водопада – табличка с именами и возрастом утонувших с 2003 по 2007 года в водах озера людей. И красноречивое предупреждение: «Будьте внимательны, чтобы ваше имя не было внесено в этот список».

Между двумя уступами Дудсхагара проходит железнодорожное полотно дороги на Мумбай, арочный мост которого дополняет живописность места. Если вам повезет попасть к водопаду в момент прохода поезда, вы испытаете совершенно необычные звуковые ощущения. Гудок невидимого паровоза отзывается стократным гулким эхом от стен скал и тонет в джунглях. Словно Иерхонская труба, пугающе и неведомо звучит в кронах деревьев и расщелинах скал грохочущий протяжный гудок. Может именно так трубит от безысходности раненный слон, попавший в ловушку-яму? Но, конечно, слона у водопада увидеть невозможно. Здесь хозяйничают другие умные существа. Здесь царство обезьян. Небольшие обезьянки десятками бегают у ног, изучают и рассматривают своих сородичей – людей. Они берут с рук угощения, могут подойти понюхать и потрогать ботинок. Резвятся как малыши в детском саду во время тихого часа, когда воспитательница ушла в магазин. Прыгают с лианы на лиану, весят гроздями друг на дружке, носятся по отвесным скалам и осмысленно позируют перед фотокамерой.

Экскурсия к Дудсахгару забавляет взрослых и радует детей. Не менее интересна и плантация специй, предлагаемая в комплекте к водопаду. Сама плантация представлялась как огромное поле, где рядами растут разные специи, типа чайных плантаций в Китае. Оказалось, что промышленные плантации находятся чуть в стороне, а нам показывают специальный туристский аттракцион. Аттракцион, надо сказать, продуман до мелочей и весьма интересен. У ворот плантации специй на нас надели веселенькие цветочные бусы и посыпали головы лепестками цветов. При входе на саму территорию комплекса вдруг зазвучала национальная музыка и перед нами вокруг священного алтаря с деревом Тулси начали водить хоровод, приплясывая и прихлопывая несколько идианок. Танцевали они так зажигательно и пели так радостно, что несколько человек из нашей компании (в том числе и мы с любимой) пустились в пляс вместе с ними. Чем вызвали искренний хохот, продолжающих петь и плясать, индианок.

Пока ждали местного экскурсовода, нам принесли легкое угощение – связку бананов и прохладный сок. Девушка-индианка поразила с первой секунды – начала говорить с нами на вполне сносном русском языке. Оказывается, местные гиды специально заучили текст экскурсии на русском. Мы пару раз проверили девушку, задавая ей отвлеченные вопросы на русском и поняли, что дальше заученных фраз она не отойдет в сторону. Тем не менее, удалось узнать и посмотреть как в естественных условиях растут привычные нам на кухне кофе, какао, кориандр, корица, имбирь, базилик, перец чили, имбирь, ананас, банан и другие специи и фрукты.

Тут же показывают огромный самогонный аппарат для выгонки ликера из ореха кешью – фени, пускают походить по кусочку огороженных джунглей и посмотреть как лазает по кокосовой пальме за плодами пожилой гоанец. Собирателя кокосов естественно звали «Тарзан», но в свои 65 лет он очень ловко вскарабкался на пальму, покачался там и перепрыгнул с одного дерева на другое. Повторить трюк предложили и нам. Мы пробовали, но так и не поднялись выше мера от земли. Тут же поддержали «маленький бизнес» Тарзана – купили у него папироски биди и тут же их покурили. Биди – это нарезанные листья необработанного табака с примесью трав, завёрнутые в лист коромандельского чёрного дерева, перевязанные цветной ниткой. При выходе с плантации всех по очереди облили холодной водой – якобы такой обычай.

После прогулки по цивилизованным джунглям – обед! Шведский стол из национальных блюд – рис, курица, рыбка кинг-фиш, овощи, хлеба, стаканчик фени и чай – что еще надо для счастья? Ну а на выходе с плантации еще одна радость для всех – огромный слон. На слоне можно покататься за какую-то символическую плату, а можно бесплатно сфотографироваться. Погонщик кричит слону что-то типа «каля-маля» и слон послушно поднимает вверх хобот и улыбается вслед покидающим плантацию туристам.

Окрестности Мапсы. Форт Коржуем, озеро Мэйон лайк, Арвалемский водопад и кельи.

Когда долго живешь на побережье на Севере Гоа, повседневность надоедает и хочется приключений, вылазок, открытий. Большинство довольствуются поездками на пляж Парадайз, Рэди Форт и окрестности в Махараштре, вылазку в Панаджи или на рынок в Мапсу.

Но чтобы полностью увидеть не пляжное Гоа, мы рекомендовали бы отправиться в интересное однодневное путешествие вглубь штата в окрестностях Мапсы. Здесь почти нет белых туристов, местные не искушены праздной жизнью побережья, этнография, местная культура, быт и история не припорошена лоском посещаемых экскурсионных объектов.

Если хотите новизны, то садитесь на скутер, заправьте полный бак и езжайте от Мапсы в направлении городка Алдона. Сначала нужно выехать на трассу Мумбай-Панаджи и с нее свернуть налево на повороте на Алдону. Это второй поворот налево, когда проезжаете небольшой круг со скульптурной группой в районе мапуского госпиталя. Указателя на самом повороте

нет, поэтому спросите местных жителей.

Все наше путешествие по расстоянию займет от Маспы около 30 километров в одну сторону. Поэтому с учетом отдыха, катания на лодке на озере, осмотра достопримечательностей нужно выделить для этой поездки целый день.

Отсюда вам ехать полчаса средним ходом на скутере до Алдоны (от Сиолима примерно 20 километров). Дорога проходит через уютные деревеньки, речки, старые португальские дома.

В Алдону въезжаешь резко и сразу упираешься в круг с памятником и зданием панчията. Вам направо по дороге несколько минут до указателя «Fort» вправо. Дорога выходит к берегу реки Мапуса, через которую перекинут красивый и необычный для Гоа подвесной мост. Алдонский мост похож на мост «Золотые ворота» в Сан-Франциско и объединяет деревни Алдона и Коржуем. Построен он 21 ноября 2004 года, о чем говорит табличка. Здесь любят снимать болливудские фильмы. С моста открывается приятный вид, а поездка по нему – сплошное удовольствие.

Еще минут пять и дорога приведет к форту - он с правой стороны дороги и проехать его невозможно. Одно из самых приятных мест для осмотра в Гоа - ощущение спокойствия, красиво, нет туристов и мусора.

Форт идеальной квадратной формы с четырьмя башнями-контрофорсами, служившими площадками для пушек. Форт небольшой, очень компактный и почти идеально сохранившийся. Длинна каждой из четырех стен форта примерно по 50 метров . Над входными воротами в стене видна строительная португальская надпись. Сразу при входе справа в стене форта алтарь, посвященный Деве Марии. Алтарь был построен в 1854 году на деньги Жуао Фелипе Феррейра (Joao Felipe Ferreira) с острова Дивар, и пожертвования местных жителей. И до сих пор местные приходят к этому алтарю с просьбами о защите.

Форт был построен в 1551 году индийским правителем из клана Бхонсле и стоял на торговом пути у реки. Португальцы завоевали его в 1705 году и перестроили. Форт имел четыре пушки. В 1834 году он был заброшен и его развалины использовались при подготовке студентов военной академии на полевых манёврах.

Внутри форта в стенах видны остатки жилых гарнизонных помещений, идеально сохранились лестницы, а посреди двора огромный и глубокий колодец. По инициативе местных жителей в форте проводились восстановительные работы, его периодически подметают и чистят. А Департамент археологии штата Гоа в марте 2013 года провел вырубку деревьев, разрушавших корнями стены форта.

Об этом форте известна интересная история про амбициозную португальскую девушку Урсулу Ланкастре, которая выдавая себя за мужчину, служила в этом форту в качестве солдата. Однажды ее тайну вскрыли, застав без одежды. На этом военная карьера девушки закончилась и она вышла замуж.

С форта едем вниз по дороге к мосту через небольшую речку. За мостом поворачиваем направо и едем минуту прямо, пропуская первый правый поворот до второго поворота направо под железнодорожным мостом. Слева будет небольшой индуистских храм, от которого очень плоха грунтовая и пыльная дорога идет направо. Нам нужно ехать по этой дороге вдоль железнодорожного полотна. Вскоре проезжаете отвалы карьера справа и вам нужно держаться наезжанной грунтовой дороги, уходящей налево в деревеньку. Здесь снова появляется асфальт. Общее направление – станция Tivim, поэтому не забывайте спрашивать встречных индийцев как проехать на Тивим.

Примерно через 20 минут вы въедете в городок Mulgaon к пересечению дороги Мапса - Bicholim. Вам нужно повернуть направо, оставляя сбоку автостанцию городка Мулгаон и ехать по направлению к городу Бичолим. Ехать примерно 10 километров через аутентичные деревеньки. Здесь все реже видно влияние португальцев и все больше (чем дальше от побережья) становиться понятно, что вы в азиатской индуистской стране.

Въехав в Бичолим ориентируйтесь на центральное городское кольцо с большим баньяном. От него вам направо, но не уставайте спрашивать дорогу у местных. В Индии это очень принято, а лучше переспросить у нескольких разных людей. В Бичолиме уже есть указатели на озеро Майем лайк, правда они

после мансуна не всегда читаются, так что будьте внимательны. И опять-таки спрашивайте дорогу! От кольца улица ведет в горку и уже через 2 километра, проехав справа ответвление на старый карьер, а слева въезд на действующий карьер и вы неожиданно подъедете к озеру. Озеро образовано тремя ручьями Джаката, Шетвад Зара и Вхадле. В месте впадения самого большого ручья построена плотина, по которой проходит дорога.

С плотины, рядом с которой растет большое дерево-баньян с храмиком, открывается красивый вид-ракурс на озеро. Вход к озеру охраняется и платный. Табличка оповещает о том, что объект «Mayem Lakeview» находиться в ведении Департамента туризма Гоа и предлагает услугу катания на катамаранах по озеру. Подходим к будочке охранника, платим по таксе: 100 рупий за 4 персоны за полчаса катания или 140 рупий за час катания на 4 человек. Если же вы не хотите кататься на катамаране по озеру, а решили просто посидеть на бережку в очень чистеньком и уютном небольшом парке со скамеечками – то платите 10 рупий с человека и наслаждайтесь видами и прогулками. Для детей до 12 лет и взрослых от 60 лет вход 5 рупий. Цены очень приемлемые.

Работает объект «Mayem Lakeview» с 9 утра до 6 вечера. Купание в озере категорически запрещено. Хотя на мой вопрос о наличии крокодилов в воде, охранник весело засмеялся, мол, крокодилов нет! Но и без крокодилов купаться в мутной воде, по берегам заросшей мангровыми деревьями и кувшинками нам не очень захотелось.

Катание по озеру забава очень милая и в компании хороших друзей достаточно приятная и веселая. Длина озера примерно 500 метров, берега покрыты высоким и густым лесом, в кустарниках и мангровых зарослях сидят птицы – зимородки, цапли. После жары и пыльных дорог

прибрежной зоны Гоа, отдых в тени прибрежного леса на озере Майэм весьма приятен и вносит разнообразие в ежедневный быт гоа-пипл.

Поплавав на катамаране по озеру, возвращаемся в Бичолим и едем 9 километров в противоположную от Мапсы сторону к городу Sanquelim. Минуем город, спрашиваем у местных местонахождение деревеньки Arvalem. На выезде буквально через километр присматриваемся вправо и ищем указатель Arvalem waterfall. Через минуты езды на скутере слева, у самой дороги внимание привлечет странное природно-рукотворное сооружение. В глыбе латерита вырублены девять небольших углублений с человеческий рост и уходящих вглубь красной скалы на 2-4 метра. Путеводители очень громко называют эти вырубки «Арвалемские пещеры» или «Пещеры Пандаваса». Мы и сами ожидали настоящие таинственные пещеры, уходящие вглубь горы и заросшие лианами. Ничего подобного не оказалось. Пещеры на самом деле оказались кельями древних буддистских монахов и были вырублены в твердой материковой породе примерно в V- VI нашей эры. В центральном зале-келье стоит лингам, а в другой келье на потолке есть надпись на санскрите, датирующаяся XII веком. Сейчас кельи закрыты на крепкие решетки с замками. Перед объектом стоит информационная табличка, рассказывающая об этом памятнике.

Проехав 100 метров ниже «пещер» вы упретесь в храм Шри Рудрешвар у небольшого Арвалемского водопада. Водопад, конечно, не такой грандиозный как Дудсхагар, но вполне интересный и красивый. Водопад ниспадает с уступа высотой 50 метров в озеро, окруженное живописными скалами. У водопада построена капитальная смотровая площадка с системой лестниц, переходов, скамеек. Место очень приятное, но больше чем 10-20 минут делать здесь нечего. Тем более, что к водопаду почти вплотную приступают жилые постройки деревни Арвалем и монастыря, напоминая о близлежашей цивилизации.

Дорога домой займет чуть больше 30 километров и идет все время прямо. Проезжая обратно город Бичолим, едите в сторону Тивима и дальше в Мапсу по указателям. Ну а от Мапсы уже рукой подать до вашей приморской деревеньки!

В целом путешествие к форту Коржуем, озеро Майем и Арвалемскому водопаду и кельям, конечно, не такое зрелищное, как к водопаду Дудсхагар или в Хампи. Но оно вносит разнообразие в повседневность жизни в Гоа и дает отличную возможность посмотреть внутренние районы штата, которые сильно отличаются от курортных приморских местечек.

Форты Гоа

Одной из интереснейших достопримечательностей штата Гоа являются его португальские фортификационные сооружения – форты. Когда португальцы пришли на гоанское побережье, здесь уже были военные укрепления, сооруженные мусульманами. Часть из них были почти полностью разрушены в военных стычках, а некоторые остались целы и требовали лишь небольшого ремонта. Португальцы использовали удобное месторасположение мусульманских военных укреплений и  соорудили на их основе свои крепости – форты. Форты строились в устье или на берегу рек, чтобы контролировать судоходство. Говорят, что португальцами было построено и достроено на гоанском побережье около 50 фортов.

Оборонительные стены фортов были примерно одинаковой архитектуры – сложенные из местного латерита и увенчанные по бокам полукруглыми башнями-бойницами. На площадках у башен подход к крепостям охраняли большие чугунные пушки. Внутри крепостных стен находилась цитадель - административные и жилые дома. Ныне почти все крепости-форты находятся в заброшенном состоянии и полуразрушены. Многие форты лишились стен и зданий – их разобрали на материалы для строительства прибрежных городков. При посещении фортов складывается ощущение, что и археологические раскопки на них не проводились.

Большинство фортов свободно для посещения туристов. С крепостных стен открываются чудесные пейзажи на море, а провождать закат с древних стен – одно из любимых развлечений туристов. Лишь парочка фортов используется до сих пор – форт Кабо Палас стал официальной резиденцией губернатора Гоа, а в форте Тираколь группа Nilaya Hermitage открыла отель высокого класса.

Путешествие по фортам – одно из самых увлекательных времяпровождений для туриста вы Гоа. К большинству из них можно спокойно проехать на скутере, а местное население с удовольствием покажет дорогу. Сейчас в Гоа посещают всего семь следующих фортов Тераколь, Алорна (Халарн), Чапора, Коржуем, Райс Магос, Агуада, Мормугао, Кабо де Рама.

Так же в соседнем штате Махараштра весьма известен и посещаем туристами из Гоа Рэдди форт, но это уже другая история.

Хоть мы и задались целью проехать все форты, но гоанская расслабляющая сиеста и невозможность четкого планирования своего времени, не дали нам совершить этот полный форт-трип. Поэтому ниже краткое описание и фото тех фортов, куда мы смогли забраться. В последующие поездки в Гоа, мы обязательно посетим недостающие в нашей коллекции форты. И расскажем о них тем, кто захочет услышать!

Форт Агуада

Находиться рядом с курортом Кандолим и активно посещается туристами близлежащих отелей. Главная улица Кандолима ведет четко к этому форту, так что проехать мимо не получится никак. Непосредственно у форта расположен небольшой пляж Синкерим. Здесь же до 2011 года на отмели стоял корабль «RiverPrincess» с надписью ДМБ, которую сделал кто-то из русских туристов.

Форт состоит из двух ярусов – нижних бастионов, крепостных стен и тюрьмы и верхнего яруса – укрепления-цитадели и маяка. Визитной карточкой Агуады является выдающийся в море, хорошо сохранившийся округлый бастион. Его ныне повсеместно изображают на сувенирах.

Слово «Агуада» с португальского переводится как «вода». Наличие источника пресной воды, который мог служить для пополнения запасов воды на кораблях, обусловило постройку форта в этом месте. Хранилище воды в форте Агуада рассчитано на 2 376 000 галлонов жидкости. Постройка форта была осуществлена в 1612 году. Крепость была оснащена 79 пушками. В 1864 году португальцы возвели на территории верхнего укрепления четырёхэтажный маяк, ныне являющийся старейшим маяком в Азии. 4-х этажный маяк на форте, старейший маяк подобного типа в Азии. С 1976 года маяк не действует.

В середине 20 века северный нижний бастион форта был перестроен в тюрьму, использовавшуюся, преимущественно, для содержания политических противников его реакционного режима. Ныне территория одного из бастионов полностью занята государственной гоанской тюрьмой, где большинство заключенных осуждены за торговлю наркотиками.

А северная часть форта Агуада (со стороны пляжа Синкверим) занята отелем Fort Aguada Beach Resort 5*, который имеет в наличие 130 номерами класса люкс. Вот такая ирония судьбы – в нескольких сотнях метров друг от друга, с разных сторон холма, расположен элитный отель и тюрьма...

Форт Чапора

Форт был построен португальцами в 1635 году для наблюдения за передвижениями армии

Маратха.. Расположен на вершине горы, в устье реки Чапора. Самое любимое

место для любования закатом для туристов, живущих в Вагаторе. Отсюда видны все пляжи Вагатора ,Морджима, Мандрема, Ашвема. У подножия форта знаменитый рыбный рынок деревеньки Чапора, где каждый вечер можно купить все виды морских обитателей, пригодных к употреблению. Насколько хороши виды с форта Чапора, настолько скудны его сохранившиеся достопримечательности. Некогда грозный форт, сейчас интересен лишь своими стенами, парой башен и крепостными воротами. Стены форта были разобраны местными жителями для своих строительных нужд на протяжении последних двух веков.

Крепость на приморском мысу над рекой Чапора была построена еще до португальцев султаном Адил Шахом из Биджапура. В прежние времена крепость называлась «Шахпур». Перестроен португальцами форт был в 1617 году.

На форт легко проехать на скутере через деревеньку Чапора. Скутер отсавляем у площадки перед кладбищем, расположенным на склоне горы и через 10 минут неспешного подъема по тропинкам вы уже у крепостных ворот. На форт ведут несколько тропинок и с северной оконечности пляжа Большой Вагатор. У туристов это одно из любимых мест для проводов Солнца.

Форт Кабо Де Рама

Самый большой и самый южный форт штата Гоа. Расположен в 20 км к северо-западу от курорта Палолем. Находится на окраине небольшой деревеньки, в стороне от туристских потоков и главной дороги. Территория форта очень обширна, а вид на окрестные бухты потрясающий. Склон мыса де Рама зарос вековыми тропическими деревьями, переплетенными лианами, по которым скачут обезьяны.

Считают, что назван форт в честь бога Рамы, который побывал здесь с супругой Ситой. Это указывает и на допортугальское происхождение крепости – когда-то здесь стояло укрепление местных индийских властителей. В 1763 году его захватили и перестроили португальцы. Артиллерийская батарея Кабо де Рамы после реконструкции стала насчитывать 21 орудие.

В 1797 году контроль над фортом захватила Великобритания, но в 1813 году Кабо де Рама был снова возвращён Португалии. С 1932 по 1955 годы в форте находилась тюрьма. Позже крепость была покинута и заброшена.

Территория форта достигает несколько километров. Крепостные стены, ров и ворота находятся в отличном состоянии, так же как и здание, где располагалась тюрьма. Внутри форта до сих пор действует церковь святого Антония, вокруг которой растут красивоцветущие деревья. По территории форта в лесу под сухими листьями видны остатки фундаментов и стен португальских и английских домов. Но сильно углубляться в лес все же не советуем – мало ли кто водится в сухой листве на древних руинах. Еще одна особенность Кабо де Рамы – по территории разбросано достаточно много старинных пушек, на некоторых даже видны клейма с изображением герба.

Форт Терекол

Крепость Терекхол расположена в устье одноименной реки на ее правом берегу. Осмотр форта Теракол удобно совмещать с поездкой на пляж Парадайз в соседний с Гоа штат Махараштра, где так же можно посетить поглощенный джунглями Рэди Форт. Название форта происходит от маратхского «тир-кхоль», что означает «крутой берег реки».

Форт Теракол не произведет впечатление на путешественника. Он представляет собой небольшой бутик-отель Fort Heritage 4*, с декоративными башнями и часовней святого Антония. В России многие частные современные особняки имеют и размеры побольше и убранство побогаче. Разве что вид на море и впадающую в него реку, соседний пляж Кирим смогут порадовать глаз туриста. Каких-либо впечатляющих фотографий с видом форта вы тоже не сделаете - стены окружены лесом.

Форт был построен индийским махараджей Савантвади Кхемом Савантом Бхонсле в XVII веке для защиты от португальцев. Фор тнасчитывал 12 орудий. В 1746 году его взяли штурмом португальские войска вице-короля Дона Педру Мигеля де Алмейды. Португальцы переименовали форт в крепость св. Троицы. Через какое-то время церковь Св. Троицы была перестроена в церковь Св. Антония, которая действует на территории форта-отеля до сих пор. В 1825 году крепость оказалась оплотом местных революционеров, которые после осады форта были обезглавлены португальцами. После этих событий Теракольский форт стал символичным местом для гоанских борцов за свободу. Позже – в 1946 и 1954 годах здесь организовывались мирные акции местных борцов за свободу. В 1955 году участниками демонстрации с требованиями о независимости Гоа от Португалии был поднят над Тераколем индийский флаг. Он смог провисеть ровно один день, пока демонстрацию не подавили.

Музеи Лаутолима. Южный Гоа.

Деревенька Лаутолим находиться в Южном Гоа, по пути из Панаджи в Маргао. Найти ее не составит по карте труда. Тем более, что местные жители хорошо знают деревню благодаря ее музею «Big Foot» в составе комплекса «Ancestral Goa».

«Ancestral Goa», что значит «Наследие Гоа» - музейный комплекс историко-этнографической направленности. Состоит он из трех отельных музеев: историко-этнографический музей под открытым небом «Big Foot», музей-усадьба фамилии Арауджо Альварес и музей-коллекция христианских крестов. Создал все эти музеи и руководит им местных житель искусствовед, художник и бизнесмен Маендра Джоселино Арауджо Альварес.

Музей крестов мы не посмотрели. Музей вилла фамилии Альварес после посещения вилл Чадора особо воображение не поразил. Этот дом представляет собой типичный музей быта португальского дона в Гоа – экспонаты в витринах, мебель за стеклом, гид-индиец.

Экскурсия начитывается из динамика приятным женским голосом, экспонаты подсвечены и расставлены в образцовом порядке. Кстати, этот музей единственный в Гоа, обладающий такой системой экскурсионного рассказа «Звук и Свет» . Все интересно и познавательно, но нет того очарования жилого дома, как у Фернандесов в Чандоре. Дом Альваресов и победнее на экспонаты, чем дома Чандора.

В трех комнатах дома представлены еще и выставки – собрание фигурок бога Ганеши (1200 разных изображений), собрание около 500 христианских икон и экспозиция картин, нестандартно изображающих образ Божьей Матери – мать и дитя разных культур и народов.

Больше всего в доме Альварес мне понравился необычный семейный туалет – ряд туалетных отверстий в большой каменной скамье. Доступность дома и его известность способствуют и тому, что вилла Альваресов предоставляется для съемок болливудских фильмов. В частности, здесь снимались моменты индийской новинки кинопроката супер-боевика «Сингам».

А вот музей «Big Foot» очень даже порадовал. Огромная зеленая уютная территория в несколько ярусов представляет собой примеры всех сторон быта гоанцев и португальцев. Среди деревьев и скал занимаются своим делом несколько десятков человеческих фигур из папье-маше. Вот два рыбака идут с уловом домой, вот торговка продает цветы, там пастух ведет домой коров, а за

углом из озера рыбак ловит рыбу.

На пригорке в саду своего дома гуляет юная португальская леди, а за ней шагает с зонтиком слуга-индиец. За мирной картиной наблюдает сидящая в кресле-качалке на балкао пожилая хозяйка имения. Учитель идет с учениками в школу, а священник-индус проводит пуджу богу Шиве. За углом расположен вольер с гоанскими птицами и небольшая плантация специй. Туристы подходят к небольшой пещере, на вход висит указатель: «Самое опасное в мире животное» и стрелка указывает за поворот. Аккуратно смотрим за решетку клетки и видим... зеркало!!! Так и есть: человек – самое опасное животное на планете.

Здесь же показывают гордость гоанцев – самую большую в Индии латеритовую скульптуру (14*5 метров). Ее за 30 дней выбил в материковой горной породе хозяин музея Маендра Арауджо Альварес. Фигура изображает индийскую богиню Эктара, играющую на флейте. Местные с гордостью показывают рабочий инструмент мастера, прославившего небольшую деревеньку на всю Индию.

Музей «Goa Chitra»

Мне всегда нравились этнографические музеи. Если богатая коллекция подобрана с искусством и хорошим вкусом, интересным и насыщенным рассказом – то этнографическое путешествие может захватить ваши мысли и воображение очень сильно. Можно просто собрать в старую избу предметы деревенского быта и сказать «Так раньше жили и работали наши предки». Это будет не интересно. А можно структурировать коллекции по направлениям деятельности быта и жизни, подписать предметы, снабдив фото, картами и увлекательным рассказом. Тут же показать, как растет в натуре та или иная культура, как ее обрабатывали. Еще более интересно, когда восстановлены старые дома, мельницы, можно попробовать старую национальную кухню, почитать хороший буклет и т.д. Тогда собрание становиться коллекцией и музеем, где интересно провести время и получить новые знания.

Именно таким первоклассным музеем оказался этнографический музей и центр «Goa Chitra» в деревеньке Бенаулим на юге Гоа, рядом с городом Маргао. Сразу скажу, что найти его сложно. Указателей на дороге нет. И лишь есть старый бетонный полуметровый указатель при повороте с дороги в переулок к музею. Поэтому придется расспрашивать местных, из которых один на 15 человек знает о музее и сможет показать к нему дорогу. Сначала нам хотели за 50 рупий показать дорогу местные таксисты, потом сбили цену до 10 рупий, получив отказ, рассказали бесплатно!

Ворота въезда в музей сразу настраивают на серьезность. Касса, полноцветные качественные буклеты, фирменные билеты, вход 200 рупий, подходит девушка-экскурсовод, ведет грамотную экскурсию на английском. Все – по-европейски, на высшем уровне организации экскурсионного дела.

Музей частный и работает всего второй год. Но, тем не менее, музей успел принять уже около 50 000 посетителей. Хозяин - гоанец Виктор Нуго Гомес, реставратор, художник, искусствовед, коллекционер.

Экспозиции представлены на территории и непосредственно в здании музея. Внутри здания запрещено фотографировать, но нам сделали исключение. Помимо собственно музея на значительной территории центра «Гоа читра», в 12 000 квадратных метров, расположены арт-галлерея, небольшая растительная ферма, реставрационная мастерская, перфоманс-арена, магазин.

Собирать вещи крестьянского и помещичьего быта Гоа Виктор Нуго начал еще будучи студентом. Позже были организованы экспедиции по деревням Гоа с целью сбора аутентичных артефактов крестьянского быта и работы. В итоге было исследовано более 300 старых хозяйств и домов, откуда собрано более 4000 объектов, многие из которых уникальны.

Во дворе под навесами стоят большие по размеру этнографические древности. Здесь носилки для переноса богачей, прежде всего португальцев. Одного человека несли 4-6 слуг. Носилки инкрустированы серебром и медью, украшены вырезными узорами и фигурами. Интересна переносная кабинка для женщин. Она полностью закрыта от посторонних глаз, зато имеет пару окошек-форточек, открываемых изнутри – чтоб хозяйка могла смотреть на мир. Тут же небольшие кареты и повозки на одного человека, которые возили за собой местные рикши. Удивительным оказалось сидение для поездок на верблюде. Оно рассчитано на 2-х человек и подстроено под горбатое животное.

В основных залах представлены экспозиции, предметы которых можно зачастую потрогать и понять, как ими работали 100 – 200 лет назад. Есть зал с предметами для возделывания земли, ухода за скотом и лошадьми, ткацкого дела, гончарства, кузнечного и строительного промыслов. Целые стенды посвящены охоте, рыбалке, торговле, музыке и отправлению христианских и индуистских культов.

Запомнились колокольчики для коров и буйволов из бамбука, тяжеленный каменный ковш для святой воды, веревка из пальмового ствола, огромный пресс для давилки сахарного тростника, клеймо для метки «своих» кокосов на дереве. В удивлении смотрели мы на огромные раковины двустворчатого моллюска, используемые вместо стекол в окнах. Улыбнулись каменному унитазу и умилились телефону времен португальского владычества.

При выходе из последнего зала музея к нам подошел его хозяин – располагающий к себе мужчина лет сорока. Поговорили о музее, о возможностях его рекламы, о наших странах и культуре. Посетовали, что туристы редко интересуются в Гоа музеями и историей земли и народа, в гостях у которого они отдыхают. Согласились с ним, что настоящее Гоа, настоящая интересная и пленительная Индия не на побережье, а внутри штата.

Побережье – это курорт, глубинка – это жизнь и душа. Пожелав хозяину удачи, направились навстречу новым приключениям и знаниям.

Сайт музея http://www.goachitra.com/

Музей истории штата Гоа в Панаджи

Немногие туристы, отдыхающие в Гоа, тратят свои драгоценные отпускные дни на посещение музеев. Если же у вас есть время, не ограниченное двумя неделями пакетного пребывания в Индии и плюс к этому интерес к истории, природе и культуре страны, то настоятельно советую посетить местные музеи.

Музей, как и многое в Индии, представляет собой смесь глобализма и запущенности. С одной стороны – красивое двухэтажное здание в деловом центре столицы, с другой – обвалившаяся штукатурка внутри. Возможно, сказывается нехватка финансирования – ведь вход в музей для всех абсолютно бесплатный. Но я бы лучше заплатил 100 рупий, зная, что мои деньги и деньги других туристов пойдут на ремонт помещений.

Здание музея найти очень легко – от автостанции Панаджи нужно проехать в сторону реки и набережной метров 200 и повернуть на первом повороте налево к деловому центру города. Эта дорога в итоге будет идти параллельно набережной. Проехав еще метров 500, минуя небольшую площадь, увидите огромное здание национальной библиотеки. Сразу за ним примыкает здание музея. Любой местный прохожий и таксист знает где библиотека и музей - спрашивайте, не стесняйтесь.

На входе в музей на стенах висят красивые мозаики, повествующие об истории Гоа. При входе охранник попросит Вас положить сумки в сейф и выдаст брошюру о музее. А дальше вы уже идете сами – везде под экспонатами есть подписи, поэтому все понятно.

Музей был основан в 1977 году, а в настоящее здание переехал 18 июня 1996 года. На данный момент в музее хранится 15 тематических коллекций (около 8000 предметов). Все коллекции расположены по отдельным залам.

В зале «Скульптуры» выставлены всевозможные индуистские, джайнистские и буддистские скульптуры доколониальной эпохи. Кроме них, здесь можно посмотреть обычные и каллиграфические надписи на различных носителях, камни сати (сати – обряд самосожжения жены после смерти мужа) и окаменелые кости, самой старой из которых от 10 до 12 тысяч лет.

Камни «сати» очень похожи на изображения космонавтов-инопланетян, посещавших землю в древние времена! А на одном из камней с письменами четко видно изображение женщины, активно совокупляющейся с собакой! Причем все подробности нарисованы очень четко. Перед залом скульптур стоит огромная деревянная культовая индуистская колесница – первое, на что обращают внимание посетители.

С залом скульптур объединен зал «Христианское искусство». Здесь стоят культовые скульптуры периода португальского правления. В основном это

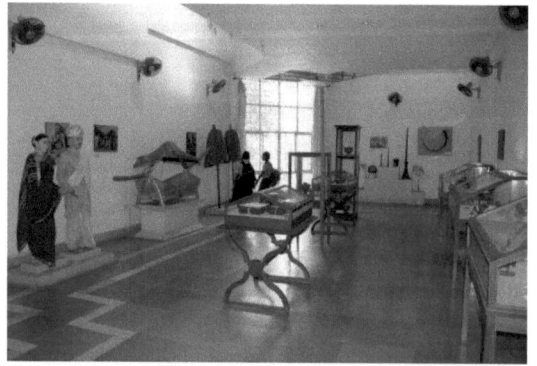

Богородица, Иисус и различные святые. Также на стенах портреты генерал-губернаторов и военная амуниция.

В зале «Религия» хранятся предметы индуистского религиозного культа. В зале «История книгопечатания в Гоа» выставлены печатные прессы, привезённые португальцами в 1556 году. Здесь же хранятся листы первой напечатанной книги (1557) «Doutrina Christa», макет для которой собирал ещё сам Франциск Ксаверий.

Так же на первом этаже расположен зал «Геология», где представлены модели гоанского рельефа и геологического строения. Но на самом деле, даже мне как специалисту геологу многое было не понятно. Дело в том, что все легенды к картам и макетам распечатаны в очень плохом качестве и совершенно не читаются. Такое ощущение, что сделали это «лишь бы побыстрее отмазаться». Здесь представлены образцы местных минералов, отдельный стенд посвящен латеритам Гоа. В этом же зале представлены современные раковины моллюсков и окаменелости.

В зале «Природное наследие» находятся диорамы гор Западные Гхаты, изображения флоры и фауны Гоа. Причем все это сделано так же очень кустарно, из папье-маше и пластика и никак не вяжется с серьезным музеем. Больше похоже на уголок «умелые ручки» в детсаду. Но когда привыкаешь к такому подходу индийцев к серьезным вещам, все это уже не кажется удивительным. На одном из стендов подробно приведены все виды змей,

обитающих в океане и на суше в Гоа – тоже интересно.

Зал «Жизнь людей» показывает гоанскую культуру и быт. Здесь много всевозможных инструментов и приспособлений. Зал «Развитие и окружающая среда», освещает проблемы загрязнения окружающей среды. Интересен зал «Мебель», где выставлена индийская и португальская мебель, в том числе стол инквизитора. На переходе на второй этаж стоят огромные лотерейные машины XIX века. В зале «Борьба за независимость Гоа», представлены фотографии борцов за независимость, а также фотокопии моментов борьбы, но так же очень плохого качества. Здесь же копия документа об отречении последнего португальского губернатора Гоа. В зале «Нумизматика» - коллекция монет и банкнот, при чем не только местных, но и из других стран мира.

Понравился зал «Гоанские форты» - на стенах фотографии всех гоанских фортов, старинные литографии и подробнейшее описание каждого из фортов. Очень познавательно для любителей гоанской истории.

В целом, музей интересный. Конечно, составлены экспозиции не так, как в Эрмитаже или Лувре, но для индийского стиля жизни вполне подходит ☺

Сайт музея http://goamuseum.gov.in/

Goa Science Center в Панаджи

Это один из интереснейших музеев Гоа. Посещение этого необычного музея будет интересно и детям, и взрослым. Единственно, что интерес этот проявят люди пытливые к пониманию природы физических явлений,

устройства нашей планеты, истории развития жизни, развинчиванию фокусов и т.д. После посещения научного центра многие явления природы станут отчетливо понятны. Индийским школьникам доступно покажут то, что мы изучаем в школах по картинкам учебников Физики и Географии.

Научный центр был открыт в 2001 году по идее Министерства культуры Индии. Территория представляет собой парк в 20 000 кв.м. площади, на которой расположено здание самого музея и планетарий. По территории парка расставлены различные механизмы, наглядно демонстрирующие физические процессы, а так же фигуры динозавров в полную величину. Пробуя своими руками механизмы на территории парка, дети и взрослые могут играя, изучить понять многие физические процессы.

В здании музея находятся две галереи - «Занимательная наука» и «Океан». В галереи «Занимательна наука» множество экспонатов, на которых можно изучить и проверить различные научные принципы и теории. Особое место занимают механизмы, направленные на обман зрения.

В галерее «Океан» множество стендов, рассказывающих о формировании океана, процессах в нем, откуда берутся волны, как появляются пляжи, почему движутся материки, как формируются полезные ископаемые, как изучают рельеф дна, как происходят круговороты в природе и так далее. Здесь же есть научный кинотеатр, где показывают обучающие фильмы в формате 3D. В небольшом планетарии посетителям даётся возможность понаблюдать за небом.

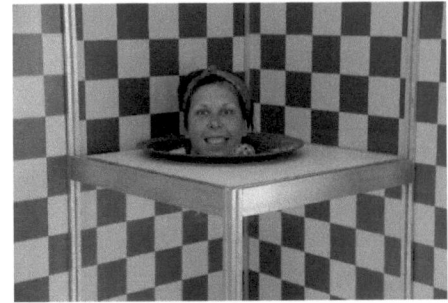

Адрес центра: Dr Jack De Sequeira Road, Miramar PANAJI, GOA - 403001. Время работы: Открыт ежедневно, с 10:00 до 18:00, кроме праздников Холи и Дивали. Сайт: http://www.goasciencecentre.in. Цена входного билета в 2012 году: 10 рупий, 15 рупий за научное шоу в формате 3D, 15 рупий за вход в планетарий, 5 рупий за вход в киберлабораторию

Дом, длиною в полувек.

Семейство Фернандесов деревне Чандор, Южный Гоа.

Окрестности города Маргао испокон веков известны в Гоа своими плодородными землями. Куда ни глянь, вдоль дорог раскинуты рисовые поля и кокосовые плантации. К приходу португальцев у живущих на этих плодородных землях индийцев,

сформировался свой класс богатых землевладельцев. Когда гоанские земли завоевали колонизаторы, часть богатых индийских семей приняла католицизм и выступила соратниками португальцам. Тем самым они сохрани и свою жизнь, и свои земли. Потомки этих семей активно участвовали в коммерческой и общественной жизни португальского Гоа. Они богатели, строили большие дома, наполняли их роскошным убранством по европейской моде и становились европеизированными индийцами.

В 1961 году в Гоа пришли индийские войска и, изгнав португальцев, установили новый строй. Индийская революция оказалось намного гуманнее нашей российской. Богатые землевладельцы были лишены своих земель, но им оставили жизни и их дома вместе с содержимым. Дома стояли наполненные роскошью, но содержать эту роскошь было уже не на что. Слуги разбежались, прихода

денег на содержание дома и на жизнь семьи не было. Бывшие помещики пошли работать учителями, счетоводами, писарями, переводчиками. На хлеб хватало,

но на дом не оставалось ни рупии. Большинство таких вилл и домов-палацио были заброшены и сами разрушались. Некоторые же семьи продолжали жить в своих бывших дворцах.

Они жили в окружении уникальных антикварных сокровищ, но гордость за свой род и историю не давала им права продавать наследство. Когда на поддержку домов денег стало катастрофически не хватать, некоторые семьи открыли доступ в свои дома для любопытствующих туристов.

Так, в некоторых местах Гоа появились частные дома, в которые иногда по желанию хозяев разрешен доступ туристов. Это не частные музеи, это жилые дома, где хозяева принимают вас как гостя, рассказывают и показывают, как жили их знатные предки. Дома-музеи такого рода уникальны и возможно нигде в мире больше не встречаются. Фиксированной таксы на посещение в таких домах нет. По окончании экскурсии хозяева скромно показывают шкатулку, куда гость может положить пожертвование на поддержку их дома.

Посетить такие уникальные дома мы отправились в небольшую красивую деревеньку Чандор к востоку от Маргао (Южный Гоа) вглубь континента. Сама деревня имеет старую историю, которая была полностью уничтожена с приходом португальцев. В III-IV веках нашей эры здесь располагалась столица местного индийского княжества Бходжей под названием Чандрапур. Эпоха расцвета для Чандрапура были X-XIII века, когда его сделали резиденцией короли династии Кадамба.

Город славился плодородными

землями и считался житницей Гоа. Местные крупные землевладельцы процветали и могли позволить себе большие дома, наполняя их роскошью.

Живут сейчас в Чандоре потомки богатого индийского рода с типичной португальской фамилией Фернандес. Их предки приняли религию и обычаи пришельцев. Входные ворота длинного двухэтажного дома с резными окнами и балконом во всю длину приветливо открыты. На стене вывеска «Fernandes heritage home». Сара Барбоса Фернандес – так зовут пожилую хозяйку дома, построенного в XVI веке ее предками. После земельной реформы, когда ее семья лишилась средств к существованию, образованная девушка пошла работать учительницей в школу. Ей сейчас под 90 лет, но она иногда лично принимает гостей-туристов. Нас же встретил младший сын Сары 40-летний Ранджив Фернандес, оказавшийся приятным собеседником. Ранджив сначала скромно начал рассказывать о находящихся в коридорах и комнатах дома экспонатах. Но увидев наш неподдельный интерес, открылся и начал увлеченно вести за собой в историю своего дома и своего рода.

При входе в дом стоят резные деревянные носилки для переноса господ – «мачила». Одна из носилок с крытой будочкой – вариант для защиты от летнего солнца и дождей. «Раньше не было автомобилей и мои предки передвигались на дальние расстояния на таких носилках. Мачилу несли четыре слуги, оперев ручки носилок на свою голову и придерживая одной рукой», рассказывает Ранджив. Заходим на первый этаж дома и попадаем в самодельный музей старых уникальных вещей. На первом этаже семья не живет – здесь расположены хозяйственные комнаты и бывшие помещения для прислуги. Сейчас в комнатах нижнего этажа собраны старые шкафы, стулья, патефон, посуда, самовар, пианино. Один из Фернандесов позапрошлого века был священником – в углу комнаты висит его одеяние. Рядом с одеждой священника лежит огромный железный капкан – для охоты на слонов! Тут же

нам показывают кокос, который похож на лицо бога Ганеши и благодаря этому очень почитается местными жителями. Особого сходства с Ганешей мы не заметили, но уважительно покачали головой перед кокосом. Нас сразу привлекла каменная побитая статуя индийского божества. «Это изображение бога Бхайрав. Его нашли в том месте, где строили церковь Чандора. Раньше на месте церкви был индуистский монастырь Махадева. Мои предки забрали себе этого идола домой», - показывает на каменную фигуру Ранджив. Возраст этой каменной фигуры ученые оценили примерно в семь веков до нашей эры. Рядом с фигурой Бхайрава привлекает внимание еще один плоский камень. На нем выбиты какие-то знаки, явно очень древние. Табличка у камня и рассказ нашего гида подтверждает это. Письмена на камне относятся к 7 - 8 веку до нашей эры. Камень приобрел в свою коллекцию один из предков Фернандесов в 1930-х годах. И древний идол и камень с письменами преспокойно стоят в коридоре частного деревенского дома.

Пока заворожено разглядываем в кокосе Ганешу, Равджив зовет нас на второй этаж своего дома. На втором этаже живет его семья, семья брата и мама. Они пользуются посудой древних китайских династий, спят на кроватях и сидят на позолоченных креслах, которым по 400 лет, смотрятся в зеркала полувековой давности. Просто у них нет денег, чтоб купить пластиковую современную посуду или вентилятор. Поэтому и вынуждены они в повседневном быту пользоваться вещами, стоимость которых зачастую равноценна квартире где-нибудь в Симферополе. Конечно, у них есть газовая плита и даже маленький старый черно-белый телевизор, а у детей брата пластмассовые игрушки. Но современность занимает лишь небольшую часть антикварного дома и теряется за тусклым блеском былой роскоши.

В зале для проведения балов до сих пор висят хрустальные люстры, стоят резные стулья с инициалами фамилии Фернандесов. Пианино позапрошлого века еще строит и на нем можно поиграть. Потускневшие зеркала в человеческий рост помнят яркие балы и светские приемы. А огромная картина-изображение знатного предка семьи - Винсенте Пауло Фернандеса с 1820 года взирает с этой стены на всех гостей дома. По углам и на полках, как и 300 лет назад, стоят китайские вазы династий Цин или Мин, отражая оконный свет.

Кстати, стекол в окнах балкона нет. Раньше в Гоа использовали вместо стекол широкие раковины моллюсков. Это удивительно, но из сотен раковин, хорошо пропускающих дневной свет, сделаны все окна в доме Фернандесов.

Заходим в спальню – старинная кровать с балдахином, резное трюмо, шкаф с секретными ящичками для хранения драгоценностей. Равджив показывает нам, как хранили драгоценности в их доме – за одним ящиком шкафа по очереди он вытаскивает еще семь потайных ящичков! Видя наш интерес к его дому, Раджив достает небрежно сложенную, изрядно потрепанную и порванную пачку документов. У меня наступил настоящий культурно-исторический шок. Документы на древнем индийском языке еще допортугальского периода. «Здесь написано, что наша семья является законным хозяином окрестных земель. Этим документам примерно 500 - 600 лет», - делиться Раджив.

Тут же в небрежно свернутой пачке лежат древние документы на право собственности, заверенные португальскими печатями. Несколько листов с печатями уже на португальском языке – они моложе, им примерно 400 лет. Спрашиваем, почему документы в таком ужасном состоянии и не под стеклом на стене или где-то в музее. Сын хозяйки дома с искренней индийской наивностью замечает, что эти документы для них уже не имеют юридической ценности, так как земли отобраны. А то, что каждая из этих бумаг стоит у

коллекционеров несколько десятков тысяч долларов, Равджив даже не задумывается. При этом он сокрушенно вздыхает, что дом разваливается и не хватает сил и денег на его постоянный ремонт.

Государство никак не помогает и где-то понять это можно. В Индии такое огромное количество древних артефактов, что музеи переполнены. И 400 или 500 летний возраст каких-то документов для прародины древнейших цивилизаций - срок просто детский. Очень хочется пожелать дому Фернандесов, чтоб его взяли под опеку какие-то международные фонды или организации типа ЮНЕСКО. Но куда писать и кому хозяева дома не знают. У них более насущные постоянные хозяйственные проблемы.

Идем дальше в жилую часть дома. В одной из комнат Равджив показывает платяной шкаф с секретом. В полу шкафа замаскирован люк, ведущий в подвал. Этим потайным ходом хозяева имения пользовались, чтоб спрятаться и уйти от бандитов. Лет 500 назад были часты военные стычки между местными правителями, нередко в город заходили шайки разбойников. Несколько раз и дом Фернандесов был ограблен и захвачен. Следы этих стычек видны в подвальном коридоре - мушкетные пули пробивали насквозь тонкие стены. Раньше из подвала вел потайной ход к речке за домом – это примерно

200 метров. Сейчас ход засыпан. Выйдя из потайного подвала, замечаю на стене ржавые шпаги и сабли. Оказалось, это фамильное оружие Фернандесов. Как и большинство вещей в доме – в стоянии, далеком от музейного:  в ржавчине и паутине. Ранджив разрешает мне снять со стены ржавую шпагу. Держа в руке теплый от жары клинок, представляю давние стычки и кровь, поившую некогда это грозное оружие.

В следующей комнате подходим к семейному алтарю. Прямо в доме одна из комнат выделена под общение с Богом. Свойственные индийским католикам изображения и фигуры Девы Марии, Христа, местных святых. Перед Божьей Матерью стоит маленькая шкатулочка, в которой лежит фигурка младенца. Очень похожа на наши игрушки-пупсики. Оказалось, что это кукла Христа-младенца. Он спит в шкатулке как в колыбели и когда в семье рождается ребенок, игрушечного младенца-Христа кладут ему в кроватку. Так Иисус охраняет ребенка от болезней и невзгод. В этой же комнате в творческом беспорядке у Фернандесов хранится огромная (более 1500 штук) коллекция

 медальонов с изображением Девы Марии. Эту коллекцию предки современных хозяев дома начали собирать еще в 19 веке и, конечно, она уникальна.

Пока мы смотрели на алтарь, из своей комнаты вышла хозяйка дома – Сара Барбоса Фернандес. Пожилая женщина с красивыми чертами лица и

угадывающейся аристократичностью - индийская «белая кость». Проведя у гостеприимных хозяев более часа, мы засобирались в дорогу. Сказав искренние слова благодарности за то, что эти люди смогли сохранить историю своего рода и своего дома.

Дом Брангаса в Чандоре

В центре поселка Чандор в 30 километрах к востоку от Маргао – столицы Южного Гоа, возле церкви стоит длинный двухэтажный особняк индийской фамилии де Браганса-Перейра. Дом поделен на две семьи – в одном крыле живет семейство Аурии де Браганса-Перейра, другое принадлежит Алваро де Браганса Перейра.

Мы попали в половину Аурелии де Браганса. Из дверей дома нам на встречу вышла группа туристов – пожилые немцы и семья индийцев. Дом Браганса более известен среди туристов, чем находящийся тут же в Чандоре дом Фернандесов. О Брагансах упоминает интернет и некоторые путеводители.

Жители дома Браганса нам показались не сильно приветливыми к туристам. Они уже используют свой дом как полноценный музей фамилии. Если по дому Фернандесов нас водил сам хозяин, то у Брагансов работает специальный гид. Сразу отходит на задний план очарование жилого дома и прикосновения к тайне. И экскурсовод-индиец оказался просто с ужасной дикцией и очень сложно понимаемым английским. Хозяйка дома сидела на балконе и читала газету, но с нами не заговорила и не обращала внимания на гостей. Периодически по комнатам проходили другие члены семьи, так же молчаливо и непринужденно.

Дом Браганса выглядит побогаче дома Фернандесов – это настоящий дворец. Здесь более шикарный бальный зал – мраморный пол, огромные зеркала и позолоченными канделябрами хрустальных люстр, пианино. У стены стоят два позолоченных кресла, подаренные роду Браганса португальским королем. По углам расставлены древние китайские вазы, французские кушетки, лежат огромные панцири черепах и бивни слонов. В окнах бального зала уже не полупрозрачные раковины ракушек, а настоящие разноцветные мозаичные стекла. Но, в целом, атмосфера менее открытая и интересная, чем у Сары Фернандес.

Конечно, особый интерес вызывает семейная домашняя часовня рода Браганса. Это отдельное помещение, пристроенное ко второму этажу дома с богатым, сверкающим позолотой и камнями алтарем. У ног Божьей матери храниться реликвия семьи – стеклянная шкатулка, обрамленная золотом и драгоценным камнями. В шкатулке храниться ноготок святого Франциска Ксавьеры – самого почитаемого в Азии католического святого, покровителя многих стран, в том числе и Гоа. Даже сложно предположить, какую историческую, материальную и духовную ценность составляет эта реликвия.

Святая реликвия и шикарное убранство бального зала в доме Браганса – это уникальные объекты для туриста, желающего познакомиться с культурой и историей Гоа. Поэтому мы советуем осмотреть в Чандоре обязательно оба дома – и Фернандесов и Браганса. Но начинать все же лучше с дома Фернандесов.

Маргао. Памятники столицы южного Гоа

Живя в Бенаулиме, неподалеку от Маргао, выбрали денек для знакомства с достопримечательностями этого города. Вообще, город Маргао понравился – столица южного Гоа, с населением около 100 тысяч человек, довольно проста в планировке. Дорога из Панаджи упирается в железнодорожный вокзал, от которого начинаются ряды старого городского крытого рынка. Рынок в Маргао – сам по себе достопримечательность. Он отличается от шумного рынка Мапсы, где торговля идет зачастую прямо на земле. Здесь все строго – на прилавках, в крытом павильоне. А напротив рынка – небольшая площадь со старинным величественным домом - зданием португальской городской администрации. Новый рынок находиться за автостанцией Кадамба. Этот рынок наиболее удобен для закупки продуктами. Здесь отдельные обширные крытые павильоны овощного, фруктового, рыбного, мясного рынков.

Посреди города высится гора – Monte Hill, на вершине которого стоит белоснежная католическая церковь Monte Church. С вершины холма открывается хороший вид на все окрестности Маргао. Учитывая, что католики строили храмы на месте заранее разрушенных ими индуистских святилищ, можно с уверенностью сказать, что и здесь произошла та же история. Место очень красивое, душевное и близкое и к нашему Богу и к индуистским божествам.

У северо-западного подножия холма расположен португальский квартал города со старинными жилыми и административными домами колониального периода. Некоторые виллы заброшены и стоят покосившись, с каждым годом проигрывая очередному мансуну свое былое величие.

У северного подножия холма выситься красивейшая и величественная церковь Святого Духа. Она так же была построена на месте древнего святилища – индуистского храма Шри Дамодара. Церковь была построена в первые года захвата португальцами этих земель, но в 1579 году разрушена мусульманами. Восстановили ее в 1675 году, и в этом состоянии она сохранилась до наших дней. Церковь Святого Духа похожа на другие гоанские церкви – такая же блистающая белой известкой под синим небом и зелеными пальмами. Вход оформлен в стиле барокко с богато украшенными резными арками и дверями. На дверях видны какие-то масонские символы, наверное, знаки монашеского ордена, который строил этот храм. Фасад церкви считается лучшим образцом архитектуры барокко в Гоа. Две боковые башни увенчаны куполами. Перед церковью открытая площадь с огромным крестом с изображениями сцен Пасхи.

Считается, что это самый крупный подобный крест в Гоа. Возле креста растет старое и очень высокое дерево манго, возможно, ровесник постройки храма.

Пока мы любовались воротами храма, мимо нас на скутере проехал пожилой индиец в спортивных штанах, футболке и теплой вязаной шапочке. (Кстати, меня всегда удивляет в Гоа, почему они ездят в 30-ти градусную жару на скутерах в зимних непальских вязанных шапочках!?). Остановился возле нас, что-то сказал, деловито поманив за собой к боковым дверям в храм. Переглянувшись, следуем за ним. Все происходит в полной тишине – как себя вести не знаем, и кто наш новый молчаливый знакомый тоже не понимаем. Мужчина достает ключ, открывает двери храма и приглашает внутрь. Заходим молчаливо в храм, мужчина жестом просит подождать, а сам идет включать свет по всему огромному храму. Предложив пройти в главный зал и разрешив фотографировать, сам тихонечко садиться на лавочку в углу.

Мы спокойно ходим по храму, осматривая его шикарное убранство, позолоченные фигуры святых, резной алтарь, фрески и хрустальные люстры. Чувствуем, что здесь очень приятно находиться – не зря ведь намоленное

сначала индуисткими, а потом христианскими верующими место. Замечаем внедрение в католический храм местной культуры: под сводом висят колокольчики на связке. Вещь для христианского храма бесполезная, зато важная для индуистского. При входе в святилище, индусы трогают рукой колокольчики, чтоб боги знал об их приходе в свой дом. Под кафедрой священника изображены злые духи типичного индуистского вида – с клыками и синими мордами. Христианские святые, ровно как и святая Троица, и Матерь Божья имеют ярко выраженные индуистские черты лица и смуглую кожу. Чтоб ближе к народу было и понятнее. На стенке алтарного возвышения на местном языке конкани написаны христианские добродетели и приведены рисунки для малограмотного населения.

Наш провожатый немного разговорился и на мое глубокомысленное заявление, мол, в храме очень спокойно, приятно и чувствуется душа этого святого места, произнес: «Я вам сейчас покажу святое место». И провел нас через церковный садик в примыкающее к храму здание, где в отдельной молельной комнатке хранится какая-то святыня. Что это за святыня, мы так и не поняли, но обрамлена она в массивную позолоченные и украшенную драгоценностями шкатулку. Несколько раз попытались узнать, что же там хранится, но так и не поняли. Как и не поняли, кто был нашим провожатым – то ли сам священник, то ли просто сторож храма. На прощанье он произнес задумчивый монолог о том, что в Гоа после присоединения к Индии ринулось много нищих и воров из соседних бедных штатов. А до этого Гоа был чистым и богатым регионом. А после своего монолога наш проводник попросил что-нибудь ему «на чай». Дав 50 рупий, мы покинули церковь Святого Духа.

Еще одной целью нашей поездки стали некие загадочные «пещеры Пандава» в районе Маргао Агуем Алто. В интернете одинаковая информация о них кочует с сайта на сайт, даже приведены фото и отметка на карте. Но, похоже, что эти пещеры видели очень немногие путешественники. Информация на сайтах говорит: «Ценной исторической достопримечательностью Маргао являются пещеры Пандава, расположенные в Агуем Алто, рядом с часовней Святого Себястьяна. По расчетам историков эти пещеры были высечены в скале в 5-6 веках нашей эры. Со временем они стали предметом для легенд и мистических историй. Считается, что к  возникновению пещер приложили руку буддийские монахи. Внутреннее «помещение» состоит из пяти так называемых залов, на стенах которых фрески и надписи, датируемые 7 веком». Ну как же не посмотреть такой интереснейший памятник? Вооружившись распечаткой с Google Earth, едем искать пещеры. Район Агуем Алто нашли довольно быстро и припарковали скутер у церкви святого Себастьяна, возле которой где-то должны быть пещеры. Опрос примерно десятка местных жителей ни к чему не привел, проехав по всем улочкам рядом с церковью, так же ничего не приметили. Решили спросить в церкви – священник оказался на обеде, а рабочие ничего о пещерах не слышали. Жара выводила из себя, впереди еще по плану было много дел и мы отступили от поисков.

На следующий день, несмотря на протесты супруги, снова едем в Маргао и петляем по улочкам вокруг церкви св. Себастьяна. Опрос народа снова ни к чему не приводит. Решаем дать пещерам еще один шанс открыться для публикации в рунете посредством нашего сайта ☺. Подходим к церкви. Священник образованный человек и должен знать хоть что-то. Но священника снова не оказалось на месте. Зато сразу за стеной церкви заметили надпись «Школа св. Себастьяна» и табличку на двери «Школьный офис». Учителя в учительской очень удивились и прервали разговор, увидев двух белых. Делаю последнюю попытку: «Где-то в этом районе должны быть грандиозные древние пещеры, старые монастыри». В ответ учителя оживляются и, смеясь, указывают за угол, мол, здесь они.

Входим внутрь школьного двора и нас мгновенно окружают дети, не менее удивленные белым людям, чем их учителя. В трех метрах от себя вижу так называемые «пещеры». Неужели это и есть те пещеры – «предмет легенд и мистических историй»? Мы разочаровываемся и понимаем, что вся информация в интернете была авторами сайтов непроверенной. Пещерами оказались искусственные вырубки в скале латерита, длинной метров двадцать и шириной метров пять при высоте не более 2-3 метров. Комнаты-вырубки соединены между собой широким проходом, но попасть внутрь невозможно. Все выходы-окна зарешетчаты, а вход закрывают ворота на замке. Между передней стенкой этого сооружения и задней сенной храма Св. Себастьяна проход не более полуметра шириной – пройти можно, но фото сделать сложно. Хотя я наловчился сфотографировать залы «пещер» через решетку. Своими действиями мы изрядно удивили и развеселили ватагу младших школьников, которые окружив, тыкали пальцами и наперебой спрашивали наше имя. У учителей смогли выяснить, что это сооружение закрыто властями и оно, действительно, какое-то древнее. Но если даже учителя школы, находящейся в 10 метрах от таинственного сооружения, ничего о нем не знают, то неудивительно, что наши поиски были такими долгими.

Итог: мы нашли странное сооружение, которое в русскоязычном интернете практически не представлено. А те упоминания, фото и месторасположения, которые есть – оказались ошибочными.

Жемчужины Карнатаки – Биджапур, Айхоле, Паттадакал, Бадами

Есть у Гоа интереснейший сосед – штат Карнатака. Само слово Карнатака звучит маняще и таинственно. Будто ветер гуляет в трещинах стен древних храмов и забытых крепостей на выжженных солнцем склонах гор. Побывать в Карнатаке человеку пытливого ума и интересующемуся культурой и историей Индии просто необходимо. Материковая Карнатака известна гоанским туристам благодаря широко рекламируемым в Гоа экскурсиям в местность Хампи - бывшую столицу империи Ваджаянагара. Но не менее интересна поездка к другим достопримечательностям Карнатаки - городам Биджапур, Айхоле, Паттадакал и Бадами. Благодаря этим городам, Карнатака признана сокровищницей индийской архитектуры. Карнатака разнообразна и таинственно захватывающая. Не зря официальный слоган департамента туризма Карнатаки звучит: «Один штат. Много миров».

Дорогами Карнатаки

Путь к достопримечательностям Карнатаки лежит через горную гряду Западных Гат, высота которых достигает здесь более 1.5 километров. Граница между Гоа и Карнатакой представляет собой всегда поднятый вверх шлагбаум – если внимательно не смотреть, то границу и не заметишь. Машина постепенно начинает карабкаться на склоны Гат. Покрытые джунглями округлые вершины обступают петляющую сотнями серпантинов дорогу. Лес подступает вплотную к машине и отлично видна разница в растительности побережья и горной гряды. Лес здесь широколиственный, чем-то напоминающий наши родные крымские буковые леса при подъеме на гору Ай-Петри. Но в этот индийский лес совершенно не хочется идти гулять. Он не злой, но настороженно выжидающий. Зайдешь на 100 метров вглубь и можешь встретиться с десятком неизвестных и не ожидающих внедрения в свой мир хозяев джунглей. Дорога местами без асфальта и вечная красная индийская пыль плотным облаком окружает машины и автобусы, застывая на листьях придорожных деревьев.

Подъем неожиданно заканчивается и серпантин скатывает машину на противоположную сторону гряды. Дорога выравнивается, меняется ландшафт, природа, климат, вид местных жителей – мы будто в совершенной другой стране. Так и есть, Карнатака – это уже совершенно иная Индия. Это не Гоа с его курортной зоной, влажными лесами, католиками, высокими для Индии ценами, быстрым ритмом жизни. Вернее, Гоа – это не совсем Индия. А вот в Карнатаке как раз начинаешь видеть Индию своими глазами и совсем близко.

Люди здесь совершенно иные, чем в Гоа. Во-первых, они почти не говорят по-английски. Главный язык штата, на котором разговаривают около 70% населения, называется каннада. Еще говорят на урду (10%) и телугу (8%). Соответственно наш английский вперемежку с русским здесь был совсем не родным языком. Кстати, население этого штата более, чем население Украины - 52,7 млн чел. Значительная часть карнатакцев – мусульмане, что после Гоа очень непривычно. Мусульманские одежды на мужчинах, чадра на женщинах, по имени сплошные Муслимы и Али, алкоголь не пьют, табак не курят, едят практически только вегетарианскую пищу. Более 60% населения занято сельским хозяйством и это видно сразу при спуске со склонов Западных Гат.

Дорога из Гоа до Бадами-Биджапурских памятников проходит по равнинной части плоскогорья Декан. Ландшафт здесь совсем не похож на гоанский. Кустарниковые засушливые формации с кактусами и одиночными деревьями акаций очень похожи на африканские виды, а местами напоминают родные крымские дороги на южном побережье. Там где человек отвоевал у индийской

природы засушливые равнины, простираются поля. Причем поля не каких-то экзотических растений, а вполне родных славянских культур. До горизонта яркие подсолнечниковые и кукурузные поля вносят разлад в понимание ситуации и ничем не отличаются от какой-нибудь украинской Волынщины или Херсонщины. И лишь чередующиеся между полями заросли сахарного тростника да копошащиеся буйволы возвращают назад в Индию.

На пустынных дорогах Карнатаки можно увидеть деревеньки, соседствующие с огромными старинными крепостями. Причем крепости эти совершенно не посещаются туристами и, возможно, никак не изучены историками. Войны и катаклизмы не смогли разрушить уникальные памятники человеческой истории, которые сохранились практически не тронутые временем. Глядя на форты и крепости в пустыне с сожалением осознаешь, что многие объекты нашего европейского мира даже рядом не стоят с идеальной сохранностью и масштабами индийских.

Иногда между полями кукурузы клубят дымом трубы заводов. Здесь производят цемент и железную руду, перерабатывают различное сырье, вырабатывают сахар из тростника. Огромные грузовики, доверху плотно набитые сахарным тростником и спешащие на заводы и склады, - характерная черта карнатаковских дорог. Здесь вполне реально увидеть на трассе слона или процессию индийских музыкантов, производство кирпичей из придорожной глины или стирку десятков людей в какой-то речушке. А завернув на чашечку чая в придорожный индийский кабачок, заметить на стене за спиной кассира рабочее английское ружье против воров.

Биджапур – индийская Мекка

В Биджапур въезжаешь как-то быстро и сразу. Вот за окном летели деревеньки и поля и вдруг среди белых домиков с плоскими крышами возвышаются купола мечетей и мавзолеев. Это – некогда мощная и грозная столица Биджапурского султаната, господствующего в этих местах в 1490-1686 годах. Краткая история города выглядит так: «Город известен с давних времен, первое упоминание о нем относится к X веку. В 1336 г. в Центральной Карнатаке было основано царство Виджаянагар, за короткое время выросшее в самую могущественную индуистскую империю в средневековой Индии. Главным соперником Виджаянагара стала возникшая примерно в то же время мусульманская держава Бахманидов (1347-1518). В 1294 году город стал одним из провинциальных центров государства Бахманидов. После ее распада мусульманские султанаты Ахмаднагара, Биджапура и Голконды продолжили борьбу с Виджаянагаром, завершившуюся победой в битве при Таликоте (1565г.). В дальнейшем султанат Биджапура правил всей Северной Карнатакой, в то время как ее южной частью управлял махараджа Майсура из династии Водеяров. Эта династия

царствовала почти непрерывно с 1399 г. вплоть до обретения Индией независимости. В 1956 году был образован штат Майсур, большинство населения которого составил народ каннада. В 1973 году штат переименовали в Карнатаку».

Нынешний Биджапур – небольшой (270 тыс. населения) провинциальный городок штата Карнатака, где прошлое тесно вплетено в реалии современной классической индийской жизни. Почти вся застройка одно и двухэтажная, побеленные дома с плоскими крышами характерны для мусульманской архитектуры. Часто встречаются двухэтажные домики почти столетнего возраста с каменным первым этажом и деревянным вторым. Это влияние английской культуры. Окна и балконы украшены деревянной резьбой, что странно напоминает купеческие дома где-нибудь в центре России. Запущенность и разруха фасадов этих домов такая же, как в российской глубинке.

Улочки узкие и пыльные – здесь нет той свежести воздуха как в Гоа. Одно из сильных впечатлений от улочек Биджапура – огромное количество свиней всех мастей и размеров. Свинки черного окраса лежат везде – в пыли, в лужах, на порогах домов, на стоянках такси, у ворот древних мечетей. Свиней в Биджапуре намного больше, чем коров и собак, не говоря уже о кошках. Коровы здесь все с длинными рогами, раскрашенными в красный или зеленый цвет в угоду каким-то местным традициям. Рикши в Биджапуре возят не только на тук-туках, но и на лошадиных повозках. В такую повозку-фаэтон помещается пара человек. А на главной улице города у забора можно воспользоваться настоящим уличным открытым туалетом с писуарами, рассчитанным на дюжину посетителей!

Туристический Биджапур для европейца еще только развивается. В Биджапуре есть несколько условно приличных отелей - ни на какие звезды они, конечно, не тянут. Ресторанчики при отелях вегетарианские, без алкоголя. Поэтому если вы хотите выпить вечерком, чтобы прийти в себя после осмотра биджапурских мечетей, захватите все с собой из Гоа. Белых туристов здесь не много и каждый из них становиться объектом внимания местных.

Над пыльными и грязными улицами городка возвышаются купола мечетей, стены древнего форта и огромная статуя Шивы. Историческая часть города называется Наураспур и окружена она мощными крепостными стенами (длина их около 10 км, а высота 9-15 м). В центре исторической части расположены основные достопримечательности Биджапура: мавзолей Мухаммеда Адил-шаха Гол-Гумбаз («Круглый дом», 1656-1660 гг) с огромным (внешний диаметр 44 м) куполом; мавзолей (1615 г.) Ибрагима II Адил-шаха, трехэтажные ворота Михтари-Махал (около 1620 г), Соборная мечеть (1570-1686 гг.) и другие мечети. Всего в Биджапуре сохранилось более 50 мечетей.

Чтобы хорошо осмотреть Биджапур понадобится не более 2-3 дней, но столько времени у туристов часто не бывает и на осмотр города уходит лишь полдня.

Первая достопримечательность, которая привлекла наше внимание при въезде в город – красивейший мавзолей Ibrahim Roza. За это сооружение Биджапур часто называют «второй Агрой» и считается, что прототипом Тадж-Махала послужила именно Ibrahim Roza. Вход сюда открыт ежедневно с 6.00 до 18.00. Вокруг комплекса колоритные кривые пыльные улочки с копошащимися свиньями и детьми. Раздолье для фотографа-любителя этнографии. Цена на посещение мавзолея как везде в Индии несправедлива для туристов, но приятна для местного населения – 250 рупий иностранцам и 5 рупий для индийцев. Еще вас попросят снять обувь при входе и заплатить потом за это несколько рупий.

Сейчас мавзолей и мечеть – это ажурные кружева на минаретах, искусные купола, колоннады, в которых прячутся стайки радужных попугаев. Двери и окна комплекса украшены надписями из Корана. Считается, что это – лучшие образцы этого стиля в Индии. Посреди мавзолея стоят гробницы. Перед входом разбита великолепная идеально подстриженная лужайка, где  возлежат на газонной траве семьи индийцев. Построен мавзолей был в 1626 году и являлся усыпальницей султана Биджапура - Ибрагима Адиль Шаха (шестого правителя из династии Адиль-Шахов), возможно построен его любимой женой.

По пути от Ibrahim Roza к главной достопримечательности Биджапура – комплексу мавзолея Gol Gumbaz, где похоронен седьмой султан Мухаммед Адил Шах (1627-1657гг), турист посещает еще несколько памятников. Крепостные стены средневекового Биджапура сохранились практически

идеально и пересекают весь современный город. Наиболее интересен «Львиный бастион» (Burj-i-Sherza), находящийся в центре города – бывшие западные ворота Биджапура. В кладку фронтальной части бастиона вставлены изображения двух львов. А на вершине бастиона находиться одно из мировых чудес фортификационного дела – гигантская пушка Malik-i-Maidan, что переводиться как «Повелитель равнин».

Длина этой пушки 4,3 метра, диаметр 1.5 метра, а вес 55 тонн! Эта пушка использовалась в грандиозном сражении между Виджаянагарской империей и Биджапуром при городе Таликот в 1565 году. Есть информация, что после того как пушкари зажигали запал, им приходилось прыгать в ров, чтобы не оглохнуть от чудовищного выстрела пушки. Отлита она была в 1551 году в Ахмаднагаре. В Биджапур на бастион ее установил Муххамед Адил Шах в 1632 году при помощи 400 буйволов, 10 слонов и целого батальона солдат.

Пушка украшена орнаментами, каллиграфическими арабскими письменами и рельефом льва, проглатывающего слона и козу. Считается, что слон символизирует индуизм, а лев – ислам. Таким образом, пушка – оружие ислама против индуизма. Пушка Mulukmaidan Tof состоит из смеси пяти металлов имеющих название panchaloha и имеет зеленоватый цвет окислой меди. С вершины бастиона открывается панорама на город, пересекающие его древние стены. купола мечетей и мавзолеев.

Недалеко от Львиного бастиона над городом возвышается еще одна примечательная башня - Upali Buruz, которую построил Хайдер Хан 1583 году. Хайдер Хан был верховным главнокомандующим правителя Али Адил-шаха. Это здание возвышается на высоту 95 футов. На вершине башни находятся три пушки, самая длинная из которых достигает 30 футов, 8 дюймов. Пушки использовались для защиты города.

Ну а самая основная достопримечательность города – это Gol Gumbaz, мавзолей Муххамеда Адил Шаха. Gol Gumbaz – самый посещаемый туристами комплекс в Биджапуре. Вход на территорию комплекса стоит 250 рупий для иностранцев и 5 рупий для местных. Купол мавзолея Адил Шаха – второе по величине культовое сооружение в мире, после купола базилики Святого Петра в Риме. Гол Гумбаз - архитектурное чудо Индии. Массивный купол, поддерживаемый огромными колоннами, имеет диаметр 144 метра при площади зада 170 кв. метров. Строительство здания, по углам которого высятся ажурные восьмиугольные минареты, заняло почти 30 лет (1626-1656 гг).

Самая интересная особенность мавзолея – верхний этаж – так называемая «Шепчущая галерея». Она обладает фантастической акустикой и если повторить любой звук, даже шепот, то тот отзовется множеством раз через расстояние 38 метров. Чтобы попасть в галерею, нужно подняться по винтовой каменной лестнице внутри минарета. Отсюда открывается потрясающий вид на город и на нижний зал мавзолея. Если прийти сюда к самому открытию комплекса, то можно проверить чудесные акустические свойства «Шепчущей галереи». Но уже с появлением здесь первой группы индийских туристов, галерея превращается в «базар-вокзал». Индийцы кричат, хлопают, визжат, пищат, радуясь громкости звука и многократному эху. Через пару минут нахождения в этой шумовой атаке, становиться очень тревожно и даже страшно. Наверное, именно так кричат грешники в Аду.

На первом этаже мавзолея покоиться султан со своими двумя женами, дочерью, внуком и индуистской любовницей по имени Rambha. Любовница покончила собой, бросившись со второго этажа галереи, чтобы доказать султану свою любовь в ответ на заявление о сомнении в ее привязанности.

Помимо мавзолея на территории комплекса расположен музей, вход в который стоит 5 рупий. На двух этажах музея расположилась экспозиция,

рассказывающая об истории Биджапура. Скульптуры, пергаменты, оружие, документы в музее фотографировать запрещается. Но разве что-то может сдержать пытливого путешественника? Парочку фото уникальных экспонатов скрытой камерой удалось сделать.

Еще одна интересная мечеть города – «пятничная мечеть» - Jumma Masjid. Эту, одну из красивейших в Индии мечетей, начал строить Али Адиль Шах в честь победы над Виджаянагаром в битве при Таликоте (1565 г.). Главный молитвенный зал мечети венчает центральный купол, окруженный 33 куполами меньшего размера. Простота и лаконичность характеризуют зал, разделенный арками и рядами широких белых колонн. На стенах и михрабе сохранились необычные геометрические орнаменты, остатки желтой, голубой и зеленой плитки. Стены покрыты позолотой и изысканной каллиграфией. Мраморный пол зала выложен решеткой из 2250 прямоугольников, называемых «мусалла» (молитвенный мусульманский коврик). Они были добавлены в мечеть могольским императором Аурангзебом, чтобы компенсировать пропажу бархатных ковриков, длинных золотых цепей и других ценностей, изначально содержавшихся в молитвенном зале. Сейчас это действующая мечеть, вход в нее бесплатный.

Это основные достопримечательности, которые видит турист за день пребывания в Биджапуре. Но не мене интересны для осмотра и другие бастионы, мечети и мавзолеи города. Поэтому здесь вполне можно задержаться на несколько дней, если вы увлекаетесь мусульманской историей, архитектурой и этнографией.

Когда-то мусульманский лев победил здесь индуистского слона. Сейчас же все религии и культуры живут в Биджапуре в мире. Но современные индуисты постарались возвести не менее грандиозное сооружение, чем бывшие султанские мавзолеи и минареты. На северном выезде из города возвышается грандиозная статуя бога Шивы. Фигура Шивы достигает 85 футов высоты и является второй по величине в Индии, после статуи Шивы в Гокарне. У скрещенных в позе лотоса ног Шивы находиться действующий небольшой храм этого Бога. Инициатором возведения грандиозной статуи бога и спонсором проекта выступила семья Shri Basanthumar. Статую Шивы из бетона и металла в течение года возводили шесть мастеров и более сотни помощников.

Территория, где восседает Бог Шива – настоящий оазис среди пустыни. Лужайки с детскими площадками, скамеечками, статуями богов и животных, цветники и кустарники, небольшие сувенирные и продуктовые магазинчики – это любимая зона отдыха для многих горожан. Особенно хорошо приехать к статуе Шивы ранним утром к самому открытию комплекса. Людей здесь еще нет, утренняя прохлада и тишина зеленого оазиса посреди пыльного города радует

и наслаждает. Вход на территорию стоит 5 рупий, фотосъемка 20 рупий, видеосъемка 50 рупий.

Подойдя за благословением к Шиве, туристы покидают Биджапур и направляются в сторону других достопримечательностей Карнатаки. К старинным храмам совершенно другой цивилизации

После посещения Биджапура туристы отправляются в небольшие карантакские деревеньки, лежащие недалеко друг от друга – Айхоле, Паттадакал и Бадами. Паттадакал расположен в 12 километрах от Айхоле, и в 29 километрах от Бадами. Когда-то давно эта местность входила в грозное и могущественное

княжество Чалукьев. А нынешние деревни в разное время являлась столицей княжества. Княжество владело огромным землями на юге и в центре Индии, а их столицы являлись настоящими шедеврами восточной храмовой архитектуры.

Сейчас в районе Айхоле-Бадами-Паттадакал сохранилось несколько сотен древнейших индуистских и буддийских храмов, состояние многих из которых почти идеальное для такого возраста. Здесь нет такого количества изуродованных исламскими завоевателями изображений индуистских богов, барельефов и статуй, как в Хампи. И многие храмы здесь красочнее и интереснее, чем в популярном у гоанских туристов Хампи. Во многом благодаря чудесной сохранности храмовых комплексов и их количеству Паттадакал в 1987 году был внесен в список Всемирного наследия ЮНЕСКО.

В ранний период существования княжества Чалукьев их столицей стал город Айхоле. После того как столица была перенесена в Бадами, Айхоле стал выступать культовым и ритуальным центром империи и здесь развернулся второй мощный этап строительства храмов. Время первого этапа относят XII веку нашей эры. Сейчас в Айхоле и окрестностях сохранилось около 100 древних храмов. В центре деревеньки находиться комплекс, обнесенный стеной, на территории которого около 30 храмов. Вход в этот комплекс находиться у автобусной остановки, являющейся и центром деревеньки. Здесь же парочка магазинчиков, и индийских фаст-фудов, которые так же спасают голодных туристов. Вокруг снуют свинки, коровы, ярко раскрашенные трактора и грузовички селян с ревущей из колонок развеселой индийской музыкой. Утром дети спешат в школу, таща за собой портфели с тетрадками и обязательной бутылкой питьевой воды. Как и везде в Индии стены сельского совета - панчията, полиции, школы разукрашены веселыми яркими картинками.

Туристская инфраструктура тут не развита, но на автобусной площади у большого дерева мальчишки будут предлагать путеводители по Айхоле-Бадами-Паттадакалу. Путеводитель вполне сносный и подробный, переведен с местного языка каннада на английский. Стоит реально 50 рупий (на книжке написан прайс), хотя вам будут настойчиво предлагать его за 100. Вход в комплекс стоит 250 рупий для иностранцев и еще просят деньги за фотосъемку. За процессом покупки билетов следит строгий страж из туристической полиции с надписью на шевроне «Green police».

Храмы Айхоле сохранили на своих стенах во многих местах практически идеально сохранившиеся барельефы и рисунки. Почти в каждом храме сохранился базальтовый Шивалингам. На территории комплекса полностью сохранился священный водный резервуар-бассейн с водой. Интересно посетить небольшой археологический музей (5 рупий вход) и лапидарий у его стен. А под конец прогулки среди древнейших храмов Чалукья, вдруг выяснился интересный факт. Оказывается, территория комплекса сквозная – с заднего двора свободный выход на улицу, забор в принципе отсутствует по периметру метров 300. Так что вполне можно сэкономить 250 рупий за вход, чем некоторые из нашей компании и воспользовались.

Следующий пункт остановки – деревня Паттадакал, некогда мощная столица империи Чалукья на заре ее существования. Именно в Паттадакале находится знаменитый архитектурный комплекс VIII века, представляющий из

себя апогей в развитии индуистского стиля весара в храмовой архитектуре. Храмовый ансамбль Паттадакала был в 1987 году внесен ЮНЕСКО в перечень объектов мирового наследия. На стенах храмов Паттадакала сохранились искусно вырезанные в камне фигуры индуистских божеств, иллюстраций к древним эпосам. Почти в каждом храме стоит базальтовый Шива-Лингам. А в одном из храмов – огромная фигура священного быка Нанди, перед которым сидит священник и постоянно возносит молитвы.

После Паттадакала дорога приводит в город Бадами. Здесь живет уже больше 25 000 человек и это не такая захолустная деревенька, как Айхоле и Паттадакал. В Бадами даже есть несколько отелей, большие магазины. Отели здесь вполне кстати, так как на вдумчивый осмотр памятников Бадами одного дня мало.

Известность Бадами принес грандиозный пещерный храмовый комплекс V – VI веков в скалах над городом. Вход в комплекс стоит 100 рупий для иностранцев. Лишь только вы остановитесь на площадке перед входом в комплекс пещерных храмов, на вас со всех сторон налетят вездесущие обезьянки! И уж берегите все вкусненькое, что есть у вас в руках! Иногда лучше отдать лакомство, когда взрослая обезьяна настойчиво будет протягивать лапу и прыгать в вашу сторону. Обезьяны тут везде – и на скалах, и в храме, и на улочках, и даже стаями бегают по двору находящейся тут же городской школы. Не меньше, чем обезьян тут свиней, которые иногда устраивают перепалку друг с другом.

Посещение пещерного комплекса занимает не более получаса, но за это время турист получит огромную долю наслаждения шедеврами древних храмовых каменотесов. А с пещер открываются завораживающие взгляд и удивляющие разум виды на окрестности. На горы с древним фортом и храмами на вершине,
на огромное озеро у подножия скалы и на современный городок Бадами – лабиринт узких улочек между ярко-белыми одноэтажными домами.

В комплекс пещер входит четыре храма - один посвящен Шиве, два посвящены Вишну и его аватарам, и еще один храм – джайнистский. В первой пещере находиться знаменитое изображение Шивы в его космическом танце, где он принимает 81 позу. Это изображение танцующего Шивы является одним из туристических символов Бадами. Второй храм имеет изображения бога Вишну и его инкарнаций. В третьем храме, так же посвященном Вишну, привлекают взгляд искусно вырезанные в скале барельефы, которых к счастью не коснулась рука вандалов времен исламских завоеваний.

Из пещер открывается замечательный по красоте вид на озеро риши Агастьи и раскинувшийся у подножия скал городок. На противоположном от

пещер берегу озера риши Агастьи на скалах мощно держаться за опаленные временем и зноем камни стены древнего форта Бадами. У подножия форта для осмотра интересны несколько древних индуистских и более поздних мусульманских храмов, а так же местный археологический музей.

Если у вас есть время, то обязательно обойдите озеро по периметру. С озером связана легенда, в которой говориться о некогда живших здесь демонах Ватапи и Ильвала. Они охотились на прохожих и ели бедолаг. Причем заманивали людей весьма оригинальным способом. Старший демон, Ильвала,  превращал Ватапи в маленького жареного ягненка и предлагал вкусное мясо человеку. Когда человек съедал мясо, Ильвала звал брата по имени и тот появлялся, разрывая тело человека на части. Так развлекались демоны достаточно долго, пока им не попался святой Агастья, проходивший в этих краях. Агастья съел мясо ягненко и успел переварить его до того, как Ильвала позвал брата.

Берега озера забраны в ступенчатые каменные террасы. Если раньше эти террасы использовались больше в культовых целях для спуска к священному водоему, то нынешние жители Бадами здесь стирают и сушат белье.

На одном из берегов озера среди камней выглядывают странные нелогичные для данного места фигуры древних людей, зверей, богов. Фигуры имитируют охоту древнего человека на зверей, жизнь в стойбище, обезьяноподобных людей, затем уже фигуры воинов времен средневековой Индии, бога Шиву, символы индийской государственности. Говорят, что это декорации какого-то приключенческо-фантастического индийского фильма. Как бы там ни было, декорации с каждым годом после очередного мансуна приходят в упадок и быстро разрушаются..

Поездка по достопримечательностям Карнатаки по маршруту Биджапур – Айхоле – Паттадакал – Бадами – одно из интереснейших времяпровождений туриста в Гоа. Выкройте два дня из своей сонно-расслабляющей гоанской жизни и пуститесь в хорошей компании на поиск новых открытий – в Карнатаку!

Хампи. Самый таинственный город Индии

В глубине полуострова Индостан, среди причудливых округлых скал, на берегу неспешной реки Тунгабхадра лежит деревенька Хампи – одно из самых посещаемых туристами мест Индии. С 1336 по 1565 год здесь располагалась столица Виджаянагарской империи - город Ваджаянагара, с многочисленными храмами и скульптурами богов. После падения империи, город был разрушен и разграблен исламскими завоевателями. Португальские историки сравнивали Хампи с Древним Римом. В городе проживало около 500 тысяч

человек, что делало его самым крупным городом мира в начале и середине 17 века. Руины Виджаянагара имеют огромное архитектурное и историческое значение для мировой культуры и принадлежат к объектам всемирного наследия ЮНЕСКО.

Для отдыхающих в Гоа туристов, поездка в Хампи - самая распространенная многодневная экскурсия. Есть несколько вариантов доехать до древнего города из Гоа, преодолев расстояние более 400 километров в одну сторону.

Наиболее комфортабельный, простой и дорогой – взять в любой из турфирм путевку и на микроавтобусе или джипе добраться до древнего города. В этом случае у вас будет свой гид, забронированный заранее номер в гостевом доме, четкое соблюдение экскурсионной программы. Из минусов – привязанность к группе, поездка в сидячем положении от 8 до 12 часов, отсутствие свободы действий и размышлений, навязывание мнения гида. Для тех, кто не хочет непредвиденных авантюр, и имеет лишние 100-200 долларов – это самый лучший способ путешествия.

Но для тех, кто старается максимально ощутить Индию и не предубежден к приключениям, лучший способ передвижения – это sleeper bus (спальный автобус). Слипер бас – уникальный индийский вид транспорта для дальних переездов. Слипер-басы оборудованы полками для сна, расположенными вдоль бортов автобуса в два яруса, типа плацкарта на поезде. Есть как одноместные полки, так и двухместные. Полки отделены от прохода плотными занавесками, так что вы чувствуете себя «как в домике» и можете делать что захотите.

Нам очень понравился такой вид транспорта – мы разложили на нашей полочке бананы, бутылочку рома и, растянувшись на мягком матрасе и подушках, обнявшись смотрели в окно. Автобус едет 12 часов и делает санитарные остановки. Правда, туалеты не всегда предусмотрены и приходиться, отбросив мысли об этикете, пристраиваться прямо за автобусом. Ведь заходить от дороги в темные, кишащие ядовитой неизвестностью кусты даже на метр нет никакого желания.

Около шести утра автобус приходит в деревеньку Хампи. Его уже нетерпеливо ждут. Лишь слипер делает остановку, десятки черных рук начинают барабанить снаружи по окнам, что-то выкрикивая и засовывая в форточки карты местности и визитки отелей. У меня по-настоящему расширились глаза, когда я спросонья увидел, как в форточку медленно залазит черная рука и пытается всучить мне визитку с адресом отеля. А откуда-то снизу ее хозяин настойчиво твердит: «Мистер, хэллоу, мистер, хеллоу». Молча и настойчиво, опасаясь переломать черные пальцы, задвигаю форточку, слегка прижав его обладателя. На что получил спокойный возглас с улицы: «Окей, потом». Это заученное русское «потом» еще неоднократно слышалось, когда индиец, не признавая своего поражения в навязывании услуг, отставал, но с надеждой смотрел вслед. Как бы успокаиваясь, мол, ты еще обратишься сам ко мне, белый человек, но только «потом».

Встречающие хватают опешивших покорных европейцев и уводят их за собой в отельчики, чтобы получить там комиссионные. Мы же, уверенные в своей самодостаточности, спускаемся на опустевшую площадь и тут же попадаем в засаду. Нас караулили семь мальчишек, теперь ругающиеся между собой за право «пристроить» двух белых. Заверения, что отель у нас уже забронирован и ни гид, ни такси нам не нужны, никого не убедили – индийцы чутко чувствуют ложь туристов. И через 5 минут перепалки с улыбками на лице мы покорно, как ослики, груженные рюкзаками, бредем за нашим новым другом. Паренек тут же пытается навязаться в гиды, предложить на прокат байк, продать путеводитель, сфотографироваться и при этом тычет грязным

пальцем в карту местности, что-то лопоча и убеждая нас довериться ему. В наши же планы изначально входила романтичная прогулка по древним руинам вдвоем и без гида, поэтому мы технично отвязались от паренька.

В Хампи, бывшем когда-то полумиллионным городом, сейчас проживает не более 500 человек местных. Большинство из них связано с обслуживанием туристов и паломников. Местные гест-хаусы почти все идентичны - санузел с условно горячей водой и комната с двуспальной кроватью, завешанной противомоскитной сеткой-балдахином и с обязательным вентилятором над ним. Вентилятор в Индии, кстати, не для прохлады, а исключительно для разгона москитов. Стоят такие удобства 10 долларов в сутки за двоих. В принципе можно еще и поторговаться.

Ресторанчиков здесь не так много, как в Гоа. Называются они все «restaurant», но по факту - типичные забегаловки с узкими лавочками и дощатыми грязными столами. Если при входе есть умывальник, то это уже сервис и цена на меню в таком заведении может быть чуть выше. Пища исключительно вегетарианская, даже курицу встретить в меню трудно. Зато соки, фруктовые салаты, самосы (пирожки с овощным рубленным тушеным миксом) и омлеты здесь в разнообразии и намного дешевле, чем в курортном Гоа. Есть в Хампи два наиболее солидных ресторана – один полностью украшен огромными флюрисцентными полотнами репродукций Сальвадора Дали, а другой «Mango tree» - террасами расположен среди банановой рощи под сенью гигантского дерева манго с красивейшим видом на реку. И блюда здесь подают на банановых листьях! Ну и никакого алкоголя и табака в ресторанчиках – эти два наркотика официально запрещены к продаже и употреблению в штате Карнатака.

В индийской истории Хампи ассоциируется с царством ванаров (очень сильных обезьяноподобных гуманоидов), которое упоминается в эпосе «Рамаяна». Так как деревня Хампи расположена в самом центре руин

Виджаянагара, её часто отождествляют с самим разрушенным городом. На сегодняшний день, эта появившаяся ещё до основания города Виджаянагара деревня продолжает оставаться важным индуистским религиозным центром, в частности благодаря действующему и поныне храму Варупакши.

Знатоки Индии говорят, что поездка в Хампи - лучшая возможность познакомиться с индуистской культурой и увидеть настоящие индуистские храмы, потому что на остальной территории страны несколько веков правили арабы, которые оставили исламское влияние в архитектуре.

Аэропорт Шарджа. Как мы летели в Гоа

Неудобная стыковка рейсов закинула нас в аэропорт Шарджи на целых 27 часов ожидания. Прибыли в 19.45, а вылет в 23.50 следующего дня. Изучение всего зала аэропорта заняло минуты две. Понимаем, что больше чем на сутки – это наш дом. Сразу вспомнился герой Тома Хэнкса в фильме «Терминал». В самом центре аэропорта большая стойка с надписью «Transit Hotel». После недолгих переговоров с портье понимаем, что это чудо отельного гостеприимства не затянет нас в свои сети. Стоимость размещения – 51 доллар возьмут 14 долларов. В данный сервис входит 10-местная комната и размещение раздельно для мальчиков и девочек. Туалет и душ на этаже. На быстром семейном совете мы с любимой решаем пересидеть на креслах, сэкономив деньги.

Выискиваем место на сиденьях, переступая через спящих на полу азиатов всех мастей и народностей. Только присели на свободные кресла, как откуда-то пришел целый кишлак афганцев, уверенно начавших расстилать коврики и тут же укладываться на них спать.

Кресла в аэропорту Шарджи абсолютно не позволяют на них прилечь – ручки толстые, жесткие и не поднимающиеся. Поэтому все транзитники-азиаты занимают места на грязном ковролине в проходах прямо на полу и под сиденьями. Под сиденьями они чувствуют себя в большей безопасности и обоснованно считают, что там пол чище. Но это транзитники-одиночки. Многие летят куда-то откуда-то целыми аулами, кишлаками и деревеньками. Может быть в паломническую поездку, может быть на какую-то работу.

У таких групп есть старший бородатый и важный бригадир. Бригадир со знанием дела выискивает свободную площадку между проходами у окна и располагает там всю свою команду. Ложатся в ряд и мужчины и женщины. Полностью укутанные в черную чадру женщины на полу выглядят как черные полиэтиленовые мешки с каким-то мусором. Не хотел своими словами никого обидеть, но это первое, что пришло мне в голову – именно так я дома вывожу мусор. Кто-то лежит на подстилках, кто-то на расстеленных газетах и журнальных листах, кто-то просто, положив под голову сумку.

После пары часов пребывания в аэропорту мы уже стали разбираться в народностях. Вон лежат в ряд, громко похрапывая, человек двадцать афганцев, вот расселась по креслам, поджав ноги, группа из какой-то Танзании или Либерии. Вот какой-то непалец-бригадир в теплой куртке и шарфе (и это при + 21) привел команду таких же непальцев и рассадил в два ряда. Непальцы все щупленькие, в свитерах, шарфах и вязанных шапочках с бумбончиками (такие были модны в советское время у лыжников-любителей). Несколько человек в синем костюме Адидас в желтую полоску и шапках, поверх которых напялены еще и одинаковые кепки. Лица у всех отрешенные, с выпученными круглыми глазами, молчаливые. Такой себе непальский вариант мальчика Омэн из рассказов Стивена Кинга. Все это напоминало вырезки из «Нашей Раши» про Джамшута и Равшана.

Большинство этих азиатских крестьян понимает, что у них запрели ноги в истоптанных старых кроссовках. И единственный выход – снять обувь и проветрить тут же носки. Запах от носков непальского или таджикского работяги в аэропорту Шарджи – одно из тех незабываемых знаний, которые получив, не хочется никому из друзей желать испытать. Когда этот запах достиг своего пика, мы демонстративно начали зажимать носы и обмахиваться руками, приговаривая «фуу, фууу» и недвусмысленно поглядывая на сидящих напротив троих ребят с отрешенными лицами. Наш язык жестов и их совесть победили, и нами был отвоеван небольшой ареал относительно свежего воздуха. Поскольку мы оказались в зале единственными европейцами, сначала очень обрадовались разодетым в национальные халаты мужикам из Казахстана, ждавшим рейс в Алма-Аты. Но те держались особняком, молчали и походили на исламских террористов, что отбило охоту с ними знакомиться. Время уверенно шло к полуночи, рейсов прибытия до 9 утра не предвиделось, аэропорт засыпал и мы решили перекусить в одной из кафешек.

Для тех, кто будет идти нашими следами, небольшой экскурс в инфраструктуру аэропорта Шарджа. Где спать вы уже поняли – либо в отеле в номере на 10 человек за 51 доллар, либо бесплатно в этнографической экспозиции на полу между креслами. Выбор «покушать» более разнообразен – в аэропорту пять ресторанчиков (есть китайский и индийский), пара небольших кафе и Макдональдс на 12 столиков. Цены везде примерно одинаковы и не дешевы - чтоб перекусить придется потратить долларов 15 на человека. В европейском кафе на ужин мы взяли по сэндвичу с ярко-красными кусочками курицы и хлебом пластмассового вкуса, две заварных лапши в стаканчике и пару баночек колы. Заплатили 25 долларов. Еда гадкая и бестолковая, но все же не каждый день такой гадостью кормим организм. Перед ужином провели аутотреннг с нашим организмом на тему «очень скоро будем поить тебя свежими соками-фрешами и кормить фруктовыми салатами».

Отобедали в китайском ресторанчике и всем там же советую. Порции большие и вкусные, естественно, не забывайте сказать «no spicy». Два супчика, две огромных порции лапши с кусочками курицы и соусами, два китайских чая и две колы вышли на 27 долларов. И доесть мы все это не смогли из-за размеров блюд.

Дьюти-фри небольшой, но все необходимое есть – алкогольно-парфюмерно-кондитерский набор стандартный. Отдельно сверкает золотом ювелирный магазин. Но в нем у витрин неспешно расхаживают только арабы. Одетые в белые халаты с клетчатыми накидками на голове мужчины с золотыми перстнями и дорогими часами на руке. Единственно не понятно, где они носят карманные вещи – ведь карманов как таковых в их халатах не видно.

Из приятных бонусов аэропорта – стойка для свободной зарядки мобильных телефонов и яркая обширная детская площадка с игрушками. Около

5 утра удивили покатушки наперегонки на роликах – детям при желании здесь

выдают еще и ролики погонять по чистому полу аэропорта. Пол коридоров, кстати, блестит чистотой и полным отсутствием мусора. Уборщики с отрешенными лицами, метелками и огромными совками регулярно курсируют между рядами. Настойчиво выполняя задание, они накидываются на малейший намек на соринку или бумажку и бесстрашно уничтожают ее. Но этого мало – уборщики, чувствуя свою важность, беспардонно поднимают всех по очереди с кресел и вдумчиво сметают щеточкой пыль. Для курящих имеется три курительные комнаты - прозрачные застекленные кубы с герметичными дверями и мощной вытяжкой. Если Вы мусульманин, то Вам повезло - хозяева аэропорта предусмотрели женскую и мужскую молельные комнаты. Можно и помолиться и отдохнуть, немножко прикорнув на мягком ковре под видом молитвы.

Если есть желание и лишние деньги, то можно в сервисе аэропорта взять временную 96-ти часовую визу и выйти за территорию терминала. Для этого платите 200 дирхам или 96 долларов, даете сфотографировать сетчатку вашего глаза, ждете примерно 4 часа и можете идти гулять по городу Шарджа. Из рассказов тех, кто выходил, можно понять, что затея эта не самая лучшая. Если у Вас нет номера в отеле в Шардже и собственного автомобиля или денег на такси, то прогулка по автострадам и сплошной стройке не доставит удовольствия. Из неприятных неожиданностей аэропорта оказалось полное отсутствие вай-фай зоны. С интернетом как-то было бы веселее.

Но никакой интернет не заменит приятного собеседника и хорошего знакомства. Осмотревшись в поисках кого-то из европейцев и вновь остановивши взгляд на арабско-афганско-африканско-непальских друзья, решаем пройтись по коридору. Через полминуты начинает работать вещь, так хорошо знакомая нам по Индии: визуализация желаний. «Ребят, вы в Дели летите?», - приятной наружности парень останавливает нас по-русски. Мгновенно знакомимся и решаем кооперироваться. Наш новый знакомый – Вадим из Киева, уже третий раз в Гоа, нынче летит на полгода. Рейсов прямых не было, поэтому вынужден добираться до океана через Дели. Его вылет в 8 утра и он думал, что побьет рекорды пребывания в аэропорту своим 11-часовым сидением. Нет уж – мы оказались рекордсменами с нашими 27 часами!!! Быстро находим общий разговор, общие темы, оказывается и знакомы заочно по форуму ogoa.ru. Идем перекусить, заодно из дьюти-фри захватываем поллитра виски и усталость окончательно отпускает. Вадим оказался тоже человеком креативным и творческим - он телевизионщик, везет с собой в Индию профкамеру. Решаем попробовать в Гоа несколько совместных акций-интервью и вылазок по местности. Никакие знакомства, состоявшиеся в таких ситуациях, пустыми не бывают. На часах уже 4 утра, сон куда-то отступил и под дружный храп и вонь носков азиатских братьев, решаем посмотреть на ноутбуке новинку индийского кинопроката – боевик «Сингам». На самом интересном моменте фильма громкий и протяжный голос из динамиков по всему зданию аэропорта заставляет вздрогнуть.

На часах 6.30 утра – время утренней молитвы. Мулла затягивает свою протяжную песнь, но никто из правоверных как-то не спешит подниматься со своих ковриков и газет на молитву. Глаза уже слипаются, из последних сил провожаем Вадима на его рейс, закидываем для лучшего сна пару таблеток валерианки и пытаемся умоститься на освободившихся сиденьях.

Человеческое тело, не спавшее 22 часа, в своем простом справедливом желании заслуженного отдыха, способно на неподдающиеся чудеса приспособления даже под неудобные арабские кресла. Мы сладко засопели, подстелив пол голову нетбуки и фотоаппараты. За широким окном обагрялись рассветом небоскребы Шарджи и пески Аравийской пустыни. Начинался новый день…

Несколько слов напутствия в заключении

Задача любого писателя побудить читателя к действию! Хочется верить, что и мои скромные тексты-записки побудят читателя к новому открытию Гоа! Не просто к лежанию на пляже и потягиванию дешевого рома, а к поездкам и приключениям! Ведь в любом случае страну можно познать лишь в движении, пытливо смотря по сторонам и общаясь с местным населением.

Путешествовать по Индии, а тем более по позитивному Гоа, комфортно и безопасно. Индийцы будут вам улыбаться и позировать на камеру, Солнце будет ласкать кожу, а вкусы и запахи будоражить воображение. Главное правило – мыслите позитивно и по-доброму, никому не желайте и не делайте зла. Откройте свое сердце для Индии! Тогда и Индия откроет Вам свои объятия и аккуратно проведет за руку по своим дорожкам. Берите в прокат скутер и двигайтесь туда, куда глядят глаза! Фотографируйте, общайтесь, улыбайтесь, дарите подарки, запоминайте, влюбляйтесь, живите ярко!!!

И пусть у Вас все будет хорошо!

Have a nice trip!

Printed by Books on Demand GmbH, Norderstedt / Germany